Hanns Sauter / Peter Schott

Beten für den Frieden

Hanns Sauter / Peter Schott

Beten für den Frieden

Andachten und Gottesdienste

HERDER

FREIBURG · BASEL · WIEN

Downloadmaterialien:
Als Käufer/in dieses Buches erhalten Sie alle Materialien in digitaler Form zum Download unter www.herder.de/extras
Geben Sie dort die ISBN 978-3-451-39495-9 und Ihre E-Mail-Adresse ein.
Wenn Sie Fragen haben, wenden Sie sich an:
kundenservice@herder.de

MIX
Paper from responsible sources
FSC® C004378

www.herder.de
Umschlaggestaltung: Verlag Herder
Umschlagmotiv: © Balky79 / GettyImages
Satz. Barbara Herrmann, Freiburg
Herstellung: PBtisk a.s., Příbram
Printed in the Czech Republic
Printed in Germany
ISBN 978-3-451-39495-9

Inhalt

Vorwort

Beten für den Frieden ... bringt das denn was? Angesichts unserer eigenen Hilflosigkeit, wenn es um den Krieg in der Ukraine – quasi vor unserer europäischen Haustür – geht oder auch um andere Kriege und Konflikte in der Welt, wird sich der ein oder die andere diese Frage sicher schon gestellt haben. Nein, Gott greift nicht als Kriegspartei ein, er stellt sich nicht auf die eine oder andere Seite und er schickt auch keine himmlischen Heerscharen, um einen irdischen Konflikt zu beenden. Für Krieg und Frieden in dieser Welt sind wir Menschen verantwortlich. Ausschließlich. Es sind Menschen, die Kriege beginnen und Menschen, die Frieden schließen.

So gesehen könnte man sagen, dass wir bei Gott an der falschen Adresse sind. Doch das ist man nie, egal worum es geht. „Frieden hinterlasse ich euch, meinen Frieden gebe ich euch; nicht einen Frieden, wie die Welt ihn gibt, gebe ich euch. Euer Herz beunruhige sich nicht und verzage nicht." So spricht Jesus zu seinen Jüngern im Johannesevangelium (Joh 14,27) Aus diesen Worten können wir erahnen, worum es eigentlich geht, wenn wir um Frieden beten. Es ist dieser Frieden, von dem Jesus spricht, keiner, wie die Welt ihn gibt, sondern ein viel grundlegenderer Frieden, einer, der in den Herzen der Menschen seinen Anfang findet. Ein Frieden, der in uns beginnt und wächst, und den wir hinaustragen in die Welt, in unseren Alltag.

Wenn wir um Frieden beten, dann bereiten wir unser Herz immer wieder neu für diesen inneren Frieden in uns. Und wir machen diesen Frieden sichtbar und erfahrbar in der Gemeinschaft derer, die gemeinsam beten. Wenn wir um Frieden beten, dann hoffen wir, dass wir andere damit anstecken. Dass unser Gebet hinausschallt in die Welt, in den Unfrieden, in die Konflikte. Wenn wir

um Frieden beten, dann fangen wir bei uns an – hören da aber nicht auf. Wir tragen diesen Frieden in Wort und Tat in unseren Alltag hinaus. Und wir tragen ihn in unseren Gebeten weit über diesen Alltag in die Welt hinaus.
Den Krieg in der Ukraine werden wir dadurch nicht beenden. Doch wir bereiten mit unseren Gebeten einen wichtigen Boden für das, was die Menschen, die vor diesem Krieg fliehen, an Frieden erfahren können. Wir bereiten damit auch einen Boden für das, was nach dem Krieg kommt. Beten für den Frieden bedeutet genau das: Den Boden bereiten für den Frieden. Alle Kriege enden irgendwann, die Zerstörung, die sie hinterlassen, ist grausam und schrecklich, doch sie ist nicht mehr zu ändern. Wozu wir tatsächlich einen Beitrag leisten können, ist: Wunden zu heilen, Menschen beizustehen, die vor Kriegen in unser Land flüchten, die sich nach einem Leben in Frieden sehnen. Und den Menschen zu helfen, die ihre Heimat wieder neu aufbauen müssen. Beten für den Frieden bedeutet auch das: eine Heimat des Friedens schaffen, in der sich Menschen sicher und willkommen fühlen.
Wir beten für den Frieden in diesem Werkbuch für Gemeinde und Gottesdienst. Wir tun das in ganz unterschiedlicher Form und auf unterschiedliche Anlässe bezogen. Und wir hoffen, dass Sie in dieser Sammlung Anregung und Inspiration finden für ein Beten für den Frieden in Ihrer Gemeinde.

Man tut nichts Böses und begeht kein Verbrechen

Friedensgebet im Advent

Vorbereiten

Adventskerze, Kerzen oder Lichter (LED-Lichter) für alle

Hinführung

Dass es in der Welt an allen Ecken und Enden nicht gerade friedlich zugeht, ist eine uralte Erfahrung, ebenso alt ist die Sehnsucht nach Frieden und Harmonie. In der Adventszeit sind diese Gegensätzlichkeit und der Wunsch nach einer guten und heilen Welt besonders zu spüren. Wie aber können wir mit dieser Spannung umgehen? Welche Möglichkeiten haben wir, damit Friede wirklich ankommt? Worte des Propheten Jesaja und der Blick auf Jesus geben hier eine Richtung vor. Wir wollen uns davon inspirieren lassen.

Christusrufe

Alle Welt ruft nach Frieden: Herr, erbarme dich.
Alle Welt ruft nach Versöhnung: Christus, erbarme dich.
Alle Welt ruft nach Miteinander: Herr, erbarme dich.

Lesung

Jes 11,1–10; Mt 5,38–42

Auslegung

Wir erleben es: Vieles, was seit Jahrzehnten als selbstverständlich gegolten hat, ist durcheinandergeraten, zumindest wieder infrage gestellt. Der Mensch verhält sich nicht anders als die Tierwelt: Es geht um den eigenen Überlebenskampf, jeder denkt nur an den persönlichen Vorteil, Leid und Vernichtung werden in Kauf genommen oder lassen gleichgültig. Im Gegensatz zu den Tieren vernichtet der Mensch sogar seine eigene Spezies. Das wiederum ruft Angst und Misstrauen hervor, führt zu unmenschlichem Verhalten. Jesaja sieht die Problematik. Menschen gelingt es nicht, Unfrieden aus der Welt zu schaffen. Sie verfallen immer wieder in die gleichen Verhaltensmuster – damals wie heute. Wenn jemand diese Gegensätze überwinden kann, dann ein Herrscher, der einen neuen Anfang setzt und dessen Regentschaft einen neuen Geist atmet. Dieser Herrscher ist Gott und den Menschen in gleicher Weise verbunden und sein Tun ist zum Wohl der Menschen ganz von Gottes Geist gelenkt: Er hat tiefere Einsicht in Zusammenhänge, weiß, was zu tun ist, hat Durchsetzungskraft, kümmert sich um Schwache, ist verlässlich, gerecht und für alle da, denen vorenthalten wird, was sie zum Leben brauchen. Die Macht des neuen Herrschers beruht nicht auf brachialer Gewalt, sondern auf Gerechtigkeit und Treue und seiner Orientierung an Gottes Geist. Die Welt, wie sie hier geschildert ist, ist ein Lebenshaus für alle. Es gibt kein Fressen und Gefressenwerden. Die bedrohlichsten Tiere – als Beispiel werden Wolf, Panther, Bärin und Schlange genannt – verhalten sich so, dass ein friedliches Zusammenleben möglich ist. Sie bekriegen sich nicht. Die Folge ist, dass sich die Starken an den Schwachen orientieren (der Wolf geht zum Lamm und der Panther zum Böcklein!), dass sie einander nicht mehr bekriegen und fressen, sondern angstfrei koexistieren können. Man beachte: Raub- und Beutetiere werden paarweise genannt! Alle Geschöpfe leben friedlich zusammen, alles, was lebt, kann aufleben, auch die Schwächsten der Gesellschaft haben ihren Platz. Die unterschiedlichen Völker und Nationen leben in Frieden und Eintracht, Platz und Entfaltungsmöglichkeiten sind für alle da. Man tut sich nichts Böses an, begeht keine Verbrechen, keiner braucht sich vor dem anderen zu fürchten. Das gesamte Gesellschaftsgefüge funktioniert nach den Regeln von Solidarität, Gleichheit und Gerechtigkeit.

Ein schöner Traum? Die Christen deuteten diese Stelle bald auf Jesus hin und seine Botschaft vom Gottesreich. Die Kraft der Bilder, wie sie hier Jesaja vorlegt, und die Worte Jesu haben Frauen und Männer veranlasst, nach Möglichkeiten zu suchen, diese Vision in ihrer Lebenswelt umzusetzen. Denn beides, die Worte des Jesaja und das Beispiel Jesu und seine Botschaft vom Gottesreich sind einerseits Hoffnungsvision, andererseits aber auch Handlungsauftrag. Auf paradiesische Zustände in einem irgendwann einmal kommenden Gottesreich zu hoffen ist das eine, den Weg dorthin mitzugestalten ist das andere.

In jedem von uns liegt dieser Geist, der auf dem Reis ruht, das aus dem Baumstumpf Isais wächst. In jedem von uns atmet Gottes Geist. Gott greift in die Welt ein, indem wir uns für lebensfördernde, gerechte, gewaltfreie Strukturen einsetzen. Die Handlungsanweisungen dazu hat Jesus gegeben. Wenn wir sie umsetzen und mit Leben erfüllen, können wir darauf vertrauen, dass das Friedensreich wächst – wie ein Kind heranwächst und sich nur in einem gesunden Umfeld gut entwickeln kann.

Gedanken und Gebete

Gebet

Lebendiger Gott, unsere Welt ist unruhig und friedlos; überall sehen wir Kriege, Ungerechtigkeiten, Leid und Not. Wir sehnen uns nach einem Zusammenleben aller Menschen in Frieden und Freiheit, wünschen uns Gerechtigkeit und eine Welt, in der niemand auf Kosten anderer lebt. Du hast uns den Weg dazu gezeigt – mach alle dazu bereit, deine Worte zu beherzigen und nach ihren Möglichkeiten Schritte zu setzen und deine Gedanken zu verwirklichen. Segne und vollende, was du selbst mit uns begonnen hast.

Friede entsteht – Meditation

Friede entsteht ...
durch einen freundlichen Blick
durch ein aufmunterndes Lächeln
durch ein klärendes Gespräch
durch einen ersten Schritt

Friede entsteht ...
wenn wir einander akzeptieren
wenn wir einen Streit beenden
wenn wir miteinander teilen
wenn wir füreinander da sind

Friede entsteht ...
wo einfach „jemand da“ ist
wo man sich verbunden weiß
wo es kein „besser“ und kein „schlechter“ gibt
wo Freud und Leid geteilt werden
überall, wo Versöhnung stattfindet
überall, wo mehr auf das Gute als auf das Schlechte geachtet wird
überall, wo Offenheit, gegenseitiger Respekt und Toleranz herrschen
überall, wo der Glaube an das Gute im Menschen wächst

Friede entsteht ...
durch Ermutigung
durch Geduld

durch Vertrauen
durch Zuversicht
Gott segne und vollende das gute Werk, das er selbst mit euch begonnen hat! (vgl. Phil 11,6)

Fürbitten

Herr Jesus, du kommst, um unsere Welt zum Guten zu führen. Wir bitten dich:

- um den Geist des Vertrauens, Wohlwollens und der Wertschätzung unter den Politikern:
- um Wachsamkeit in uns allen gegenüber unheilvollen Tendenzen in unserer Gesellschaft:
- um Aufmerksamkeit für alle noch so kleinen Initiativen, die zu Frieden und Gerechtigkeit beitragen:
- für alle, die in einer Endzeitstimmung wie Angst, Depression, Resignation leben:

Fürbitten für den Kindergottesdienst

Lieber Gott, immer wieder streiten wir miteinander. Hilf, dass wir uns auch wieder vertragen:
Lieber Gott, auf der Welt gibt es so viel Krieg. Gib, dass die Menschen in Frieden miteinander leben:
Lieber Gott, so viele Menschen sind aufeinander böse. Hilf ihnen, aufeinander zuzugehen:
Lieber Gott, oft gehen wir feindselig miteinander um und wissen eigentlich gar nicht warum. Lass uns schnell wieder damit aufhören:
Lieber Gott, viele Menschen bemühen sich in der Welt um Frieden. Gib, dass sie sich nicht umsonst bemühen:
Denn du wirst kommen, um uns zu befähigen, wozu wir unfähig sind, durch dich werden wir unser Bemühen um Frieden erreichen. Auf dich vertrauen wir heute und alle Tage ...

Zeichenhandlung

Wir alle sehnen uns nach Frieden, nach dem Ende aller Kriege und allem, was Unfrieden verursacht. Zum Zeichen dafür zünden wir eine Adventskerze als Licht der Hoffnung an:

Licht des Advent – Meditation
Licht des Advent
Ein Licht ist besser als keines
Ein kleines Licht kann zu einem großen werden
Aus einem Licht können viele Lichter werden

Licht des Advent
Sehnsucht nach Helligkeit
Wegweiser durch die Dunkelheit
Aufbrechen aus der Finsternis

Licht des Advent
Hell wird es, wenn wir die Türen offen lassen
Hell wird es, wenn wir aufeinander zugehen
Hell wird es, wenn wir auf Jesus schauen:
Er ist das Licht!

Licht des Advent
Mir reicht die Dunkelheit
Ich breche auf
Ich bringe Licht

Wir reichen die Kerze einander als Zeichen, dass wir zu Frieden und Versöhnung bereit sind und dazu beitragen, was wir können (*wer möchte, kann seine Gedanken dazu aussprechen*). – Weitere Kerzen und Lichter liegen zum Mitnehmen bereit, um sie an Fenstern, Hauseingängen oder Gartenzäunen aufzustellen.

Segen

Gesegnet seien die Tage des Advents und unsere Sehnsucht nach Ruhe und Frieden.
Gesegnet seien die Tage des Advents und unser Wille nach einem gedeihlichen Miteinander.
Gesegnet seien die Tage des Advents und unser Wunsch nach Zusammensein und Gemeinschaft.
Gesegnet seien die Tage des Advents und alles, was in ihnen an Gutem aufbricht.
Gesegnet seien die Tage des Advents durch unser aller Mitarbeit an Gottes Friedensreich.

Fantasie und Kreativität

Gestalten Sie im Laufe des Advents eine Krippendarstellung nach den Worten des Jesaja. Anregungen dazu gibt das Bild von Sieger Köder: „Vision des Jesaja" *(Verlagsgruppe patmos. de/shop)* Legen Sie dazu Texte aus diesem Gottesdienstmodell auf. Das Bild eignet sich auch zu einer Bildbetrachtung zum Jesajatext.

Hanns Sauter

Frieden auf Erden den Menschen seines Wohlgefallens

Friedensgebet in der Weihnachtszeit

Vorbereiten

Laterne mit dem Friedenslicht aus Bethlehem zur Krippe stellen. Zum Gottesdienst Laternen mitbringen, s. u. Fantasie und Kreativität

Hinführung

Das Weihnachtsfest ist verknüpft mit vielen Erwartungen, Hoffnungen und Wünschen, besonders gilt es als Fest des Friedens. Umso krasser ist dann der Gegensatz zu der Realität unserer Zeit, die oft von allem anderen geprägt ist als vom „weihnachtlichen Frieden" und bewusst macht, wie zerbrechlich Friede sein kann. Allerdings sagt das Fest auch, was es braucht, dass Friede werden kann. Dieser Akzent, der oft wenig bedacht wird, steht im Vordergrund der Feier.

Christusrufe

Bei deiner Geburt sangen Engel vom Frieden:
An deiner Krippe spürten Menschen deinen Frieden:
Wer dich anbetet, lebt in innerem Frieden:

Bibel

Lk 2,1–21, Joh 1,1–18

Auslegung

„Ehre sei Gott in der Höhe und Friede auf Erden den Menschen seines Wohlgefallens“ – wer kennt nicht diesen Gesang der Engel aus der Heiligen Nacht. Fällt demnach „Friede“ einfach so vom Himmel auf mehr oder weniger zufällig von Gott ausgewählte Menschen, während andere leer ausgehen? Wenn das so wäre – was ist das dann für ein Gott, der die einen bevorzugt, die anderen im Regen stehen lässt? Ja, Gott selbst sorgt für Frieden. Doch wie tut er das? Er kommt – und dies ist ein starkes Zeichen – als Kind auf die Erde. Ein Kind ist – zumindest im damaligen Verständnis – Zeichen für Hoffnung, Zukunft, ein Symbol dafür, dass etwas aufwärts geht. Nach Gottes Vorstellungen enthält die Welt viele Möglichkeiten der Gestaltung; den Menschen sind die Mittel dazu gegeben. Einem Kind steht die Welt mit ihren vielen Möglichkeiten offen und es ist ein für alles offener Mensch. Nun aber haben die Menschen durch ihre Verantwortungslosigkeit etwas Wesentliches zu einer guten Gestaltung der Welt verloren: ihre enge Anbindung an Gott. Jesus hat sie darauf hingewiesen und sie ihnen wieder neu angeboten, er hat sie vorgelebt und eindringlich gesagt, was dazu gehört: „Werdet wie die Kinder, um in Gottes Reich einzugehen“. Nehmt die Möglichkeiten, die euch Gott anbietet, an, wie Kinder das annehmen, was ihnen für ihr Leben, ihre Entwicklung und Lebensqualität angeboten wird. Wer sich an den Worten Jesu orientiert, lebt im „Wohlgefallen Gottes“, seinem Frieden, seinem Shalom, verherrlicht mit seinem Leben Gott und trägt bei zum Werden des Gottesreiches. Wo ist nun das Problem, dass dieses Gottesreich und sein Friede so auf sich warten lassen? Es ist die mangelnde Einsicht und Bereitschaft der Menschen, sich auf Gott einzulassen. Unter den Menschen sind die Furcht vor ihm und die Angst, dass er ihnen etwas wegnehmen könnte, größer als das Vertrauen in seine Worte. Johannes spricht dies an: Das Licht, das jeden Menschen erleuchtet, kam in die Welt, aber die Welt hat es nicht erkannt ... Allen aber, die ihn aufnahmen, gab er Macht, Kinder Gottes zu werden, alle, die an seinen Namen glauben ... – glauben und vertrauen darauf, dass Jesu Worte und Beispiel wegweisend sind, dass er einen Weg gezeigt hat (und selbst auch gegangen ist), welcher der schwierigere und mühsamere Weg ist, aber der einzige, der zum Ziel führt. Aber: wer diesen Weg geht, dem wird von Gott hinzugegeben, was ihm fehlt. Das Reich seines Friedens kennt keine von Menschen gemachten Grenzen. Das Friedensreich ist überall schon dort, wo diese Grenzen verschwinden. Die Menschen können zum Werden des göttlichen Friedensreiches entscheidend beitragen, die Macht, göttlichen Frieden zu bewirken, haben sie nicht. Dieser Friede ist mehr als ein Freisein von Krieg und Gewalt, er ist der Einklang des Menschen mit Gott. Zu diesem Geschenk kann man sich auf den Weg machen, auf die Möglichkeit dieses Geschenkes kann man hinweisen, man kann sich darauf freuen. Gott aber freut sich über jeden, der umkehrt!

Gedanken und Gebete

Anbetung des Kindes

Als ein behutsam Licht
stiegst du von Vaters Thron.
Wachse, erlisch uns nicht,
Gotteskind, Menschensohn.
Sanfter, wir brauchen dich.
Dringender war es nie.
Bitten dich inniglich,
dich und die Magd Marie!
König wir, Bürgersmann,
Bauer mit Frau und Knecht:
Schau unser Elend an!
Mach uns gerecht!

Gib uns von deiner Güt
nicht bloß Gered und Schein!
Öffne das Frostgemüt!
Zeig ihm des andern Pein!
Mach, dass nicht allerwärts
Mensch wider Mensch sich stellt.
Führ das verratne Herz
hin nach der schönern Welt.
Frieden, ja ihn gewähr
denen, die willens sind.
Dein ist die Macht, die Ehr,
Menschensohn, Gotteskind.
Josef Weinheber (1892–1945),
aus: Sämtliche Werke Band II:
Die Hauptwerke, Salzburg (Verlag Otto Müller) 1954

Weihnachtschoral
Auf dem Kalender herrscht Weihnachtszeit
Alte Stiche zeigen die Landschaft verschneit.
Der Stall von Bethlehem ist schon lange zerstört
und von wem wird noch der Friede auf Erden erhört?
Kyrieleis.
Frost wölbt die Nacht und prägt den Winter in Eis.
Doch hierzuland, wo in Dorf und Stadt
fast ein jeder sein Schäflein im Trockenen hat,
beißt sich der Armenhunger die Zähne aus,
bringt die Weihnacht Geschenke und erschöpft sich im Schmaus.
Kyrieleis.
Frost stößt der Nacht ins Horn und härtet den Winter ins Eis.
Wieder jährt sich der Tag, an dem einst der Herrgott gedacht,
er habe den Menschen das Heil gebracht.

Doch die Welt wird erschüttert von Mord, Gewalt und von Kriegen
und Menschen verenden in Not und Elend, wie Fliegen.
Kyrieleis.
Frost hellt die Nacht und härtet dem Winter das Eis.
Kalender verkünden die Weihnachtszeit,
der Friede ist flüchtig, die Welt liegt im Streit,
vom Stall in Bethlehem stehen nur noch die Mauern,
aber das Elend braucht mehr als nur unser Bedauern.
Kyrieleis.
Vom Himmel fällt Schnee und der Frost kriecht ins Eis.
(Gottlob Haag 1926–2008)
Aus: Gottlob Haag, Fluren aus Rauch.
Gedichte und ein Requiem, Würzburg (Echter-Verlag) 1982

Herabsetzung – Meditation
... den Menschen seines Wohlgefallens
Gott ist in unsere Welt gekommen, um uns den Weg zum Frieden zu zeigen:
Hunger
Angst
Ausgrenzung
Rechthaberei
Egoismus
Standesdünkel
Hass
Kränkung
Überheblichkeit
führen zu Unfrieden und Krieg

An Jesu Krippe sind
Frauen und Männer
Alte und Junge
Inländer und Ausländer

Arme und Reiche
Menschen und Tiere
Könige und Hirten
weise Männer und einfache Menschen
kleine und große Leute
Gläubige und Suchende
Engel und Menschen
zusammengekommen

Er hat
die Armen geliebt
die Trauernden getröstet
die Kinder gesegnet
die Hungernden gespeist
die Suchenden an die Hand genommen
für die Verfolger gebetet
seinen Feinden vergeben
sich nicht für einen Besseren gehalten
den Besserwissern zu denken gegeben
Getrenntes zusammengeführt
und Beispiele gegeben, was es zum Frieden braucht

alle als Menschen achten
Vorurteile überwinden
ehrliche Begegnungen
Offenheit
Liebe
Chancen geben
Wohlwollen
Gemeinsamkeit
Toleranz
Glaube

Wer vom Kind in der Krippe lernt,
wächst hinein in das göttliche Wohlgefallen
und wird erfüllt von seinem Frieden

Fürbitten

Gott, unser Vater,
du hast uns in deinem Sohn Jesus ein Licht geschenkt, an dem wir uns orientieren können. Wir bitten dich heute:
für alle, die um sich herum nur Dunkel verspüren:
für alle, die sich um ein Ende von Kriegen und anderen Gewalttaten bemühen:
für alle, die in den Katastrophengebieten der Erde Hoffnung schenken:
für alle, die sich im Kleinen und im Großen um Frieden, Gerechtigkeit und die Bewahrung der Schöpfung bemühen:
für alle, die gerade in diesen Weihnachtstagen eine innere Leere verspüren:
Gott, unser Vater, dein Sohn Jesus, unser Bruder und Herr, lebt und wirkt mitten unter uns. Wir wollen auf ihn zugehen und uns motivieren lassen, mit ihm Licht in der Welt zu sein, heute, in dieser Weihnachtszeit und darüber hinaus. Dass uns dies gelinge, darum bitten wir heute und alle Tage.
Herr, unser Gott! Um ein Licht auf die Erde zu bringen, ist dein Sohn Jesus Christus Mensch geworden. Lass uns dieses Licht annehmen. Es möge in uns wachsen und alle Kälte und alle Finsternis, der wir uns ausgeliefert fühlen, vertreiben. Darum bitten wir durch Ihn, Christus unseren Herrn.
Weil Jesus in dunkler Nacht geboren wurde,
ist auch die Nacht, die uns umgibt, hell.
Weil Jesus in die Kälte geboren wurde,
können wir auch die Kälte, unter der wir leiden, aushalten.
Weil sich Gott uns anvertraut wie ein Kind,
können auch wir ihm vertrauen.

Es segne uns und alle, die uns verbunden sind,
der liebende Gott, der Vater, der Sohn und der Heilige Geist.

Zeichenhandlung: Friedensweg

Element für einen Weihnachtsgottesdienst, nicht nur für Kinder
Am Boden ist der Weg zur Krippe vorgezeichnet (Schnur, Tücher, Stroh, Tannenzweige). Jedes Kind erhält ein Teelicht – die Teelichtgläser sind beschriftet mit „Vertrauen“, „Licht“, „Freude“, „Freundschaft“, „Hoffnung“, „Mut“, „Liebe“ ... –, liest das Wort, das auf seinem Glas steht vor, geht langsam den Weg, stellt sein Licht irgendwo am Weg auf, geht weiter zur Krippe und bleibt dort stehen. Darauf achten, dass immer nur ein Kind auf dem Weg ist und sich das nächste erst dann aufmacht, wenn das vorherige an der Krippe angekommen ist! Während ein Kind den Weg geht, singen alle GL 219: „Mache dich auf und werde licht.“ Wenn alle Kinder an der Krippe stehen, geht ein größeres Kind den Weg und liest die Worte, die auf den Lichtern stehen, nochmals vor und fasst zusammen: Wer sich an diese Lichter hält, ist auf dem Weg des Friedens. Am Ende der Feier einladen, die Kerzen der mitgebrachten Laternen am Bethlehemlicht anzuzünden und zu Hause an den Fenstern aufzustellen.

Fantasie und Kreativität

Dass mitten im Krieg ein Weihnachtsfrieden möglich ist, zeigt ein Beispiel aus dem Ersten Weltkrieg. An der Westfront schenkten deutsche Soldaten am 24. Dezember Kuchen aus ihren Weihnachtspakten britischen und französischen Soldaten. Im Laufe des Abends begann man zusammen Weihnachtslieder zu singen und Fußball zu spielen. Einen Tag später wurden die Soldaten von beiden Seiten an eine andere Front verlegt. –

Der Bericht dazu lässt sich in die Feier einbauen:
Wikipedia-Artikel: Weihnachtsfrieden (Erster Weltkrieg)
Michael Jürgs: Der kleine Frieden im Großen Krieg: Westfront 1914: als Deutsche, Franzosen und Briten gemeinsam Weihnachten feierten. Verlag Goldmann, München 2005
Als Erinnerung (gut einsetzbar): Friede auf Erden in: Renate Schoof: Großmutters schönstes Weihnachtsgeschenk und andere erlebte Geschichten, Kevelaer (Butzon und Bercker) 2022, S. 48–57
Spielen Sie doch einmal: Alle reden von Krieg, aber keiner geht hin!
Tipp: „Komm, wir ziehen in den Frieden“ von Udo Lindenberg

Hanns Sauter

Der Herr schenke dir Frieden

Friedensgebet zum Beginn eines neuen Jahres

Vorbereiten

s. u. Fantasie und Kreativität

Hinführung

Wir beginnen ein neues Jahr. Viele Gedanken bewegen uns: Was wird es bringen? Fühlen wir dem gewachsen, was auf uns zukommt? Manches davon wissen wir ja schon. Wir haben es entweder geplant oder wir nehmen es aus dem alten Jahr mit, um es im neuen abzuschließen. Anderes lassen wir einfach auf uns zukommen. Zu unseren größten Wünschen zählen Gesundheit, Wohlstand und Frieden. Was aber für den privaten Bereich gilt, gilt auch ganz allgemein. Unsere Erde ist in vielerlei Hinsicht krank, der Wohlstand ist ungerecht verteilt, Friede scheint in vielen Teilen der Welt unerreichbar. Der Gedanke an alles, was nicht in Ordnung und daher eine Gefahrenquelle ist, löst Unruhe aus. Doch in der Hl. Schrift wird uns immer wieder Gottes Segen und sein Friede zugesagt. Es ist ein Zeichen unseres Vertrauens, wenn wir uns jetzt an ihn wenden und uns unter sein Erbarmen stellen.

Christusrufe

Herr Jesus Christus, du bist für uns Mensch geworden:
Herr, erbarme dich,
mit dir beginnt eine neue Zeit: Christus, erbarme dich,
mit dir kommt Friede: Herr, erbarme dich.

Bibel

Num 6,22–27

Auslegung

Mit Datum vom 1. Januar beginnt ein neues Jahr. Haben Sie sich schon einmal überlegt, woher unser Wort „Datum" kommt? Es leitet sich ab vom lateinischen „dare" – geben, schenken. Das neue Jahr, die Zeitspanne von 365 Tagen, die nun vor uns liegt, ist uns geschenkt. Geschenkt aber nicht von irgendjemandem, sondern von Gott, dem Schöpfer, dessen Schöpfung gut ist. Mit dem neuen Jahr schenkt uns Gott also etwas Gutes. Nun liegt es an uns, was wir mit diesem Geschenk machen. Wenn etwas Neues beginnt, können wir Altes beiseitelegen und abschließen, uns neuen Chancen und Möglichkeiten zuwenden. Dazu sprechen wir Wünsche aus. Sicher haben Sie einander schon „ein gutes neues Jahr" gewünscht. Auch zu anderen Anlässen, die mit einem Neubeginn verbunden sind wie z. B. ein Geburtstag, der Schulbeginn, der erste Arbeitstag, ein Umzug wünschen wir „alles Gute" oder „Gottes Segen". Wir wissen und spüren, „alles Gute" können wir nicht selbst machen. Wir brauchen Hilfe und Unterstützung – von Menschen und letztlich von Gott. Er möchte, dass wir in einer Atmosphäre des Guten leben, und sagt uns seine Unterstützung zu. Er nimmt uns hinein in seine Lebenswirklichkeit und gibt uns die Grundlagen für alles, was wir und alle anderen Menschen zum Leben, zum Wohlergehen und zu unserem Glück brauchen. Wir wissen nicht, was mit dem neuen Jahr alles auf uns zukommt. Daher ist es gut, wenn wir uns an seinem Beginn bewusst machen: Der Herr schenkt uns Heil. Auch für die dunklen und aussichtslos scheinenden Wegstrecken, die im Laufe dieses Jahres sicher kommen, gilt diese Zusage, denn damit gibt Gott uns die Kraft, nicht an ihnen zu zerbrechen. Gottes Segensworte – an uns liegt es, sie mit Leben zu erfüllen. Dann sind wir auf dem Weg zu dem Frieden, den wir uns alle wünschen.

Gedanken und Gebete

Herr unser Gott, alles was ist und alles was wir sind und haben, kommt von dir. Auch dieses neue Jahr ist dein Geschenk an uns. Wir wollen es – Tag für Tag – aus deiner Hand annehmen und so leben, dass wir es dir wieder dankbar zurückgeben können. Hilf uns, in diesem Bemühen nicht nachlässig zu werden – heute, morgen und alle kommenden Tage. Darum bitten wir durch Christus, unseren Herrn.
Am Beginn des neuen Jahres tragen wir unsere Anliegen vor Gott und bitten um seine Nähe und Hilfe. Besonders denken wir an die Krisenherde in der Welt, an Ereignisse, die uns beunruhigen, an alle, für die wir zu beten versprochen haben, und an jene, die nicht mehr beten können.
(Einladen, konkrete Beispiele zu nennen)

Fürbitten
Wir denken an alle, die in Kriegsgebieten leben und unter Krieg und Zerstörung leiden:
Herr, erbarme dich!
Wir denken an alle, die sich um Frieden und Versöhnung bemühen:
Wir denken an alle, die an Abkommen und Verhandlungen arbeiten, die dem Frieden dienen:
Wir denken an alle Uneinsichtigen und Unbelehrbaren:
Wir denken an alle Kinder, die in diesem Jahr geboren werden:
Wir denken an alle, die das neue Jahr mit Angst und Sorgen beginnen:
Wir denken an alle, die von Naturkatastrophen und Umweltschäden betroffen sind:
Wir denken an alle, sich die sich in Hilfsorganisationen engagieren:

Wir denken an alle, die einfach zupacken, wo Hilfe gebraucht wird:
Wir denken an alle, die durch Krieg, Zerstörung und andere Katastrophen ums Leben gekommen sind:
Gott, schau auf unsere Gedanken und Gebete, auf unsere Bitten und Wünsche. Zeige Möglichkeiten und Wege, durch die Unfrieden, Krieg und anderes, was dem Leben entgegensteht, beendet werden können und gib Kraft, Mut und Einfallsreichtum, diese Wege zu sehen und zu gehen. Darum bitten wir durch Christus, unseren Herrn. Amen.
Herr, unser Gott! Du hast dein Wort an uns, dein Volk, gerichtet. Wir haben es gehört und wollen es neu für uns bedenken. Am Beginn des neuen Jahres – so hoffen wir – möge es in allen Menschenherzen auf fruchtbaren Boden fallen und uns und ihnen das ganze Jahr über Halt und Wegweiser sein. Darum bitten wir ...

Schritte zum Frieden

Schritte zum Frieden
Wenn wir einander achten,
sind wir auf dem Weg zu Gottes Frieden.
Wenn wir einander aushalten,
sind wir auf dem Weg zu Gottes Frieden.
Wenn wir unseren Streit beenden,
sind wir auf dem Weg zu Gottes Frieden.
Wenn wir wieder von vorne beginnen,
sind wir auf dem Weg zu Gottes Frieden.
Wenn wir einander gut sind,
sind wir auf dem Weg zu Gottes Frieden.
Wenn sich einer um den anderen sorgt,
sind wir auf dem Weg zu Gottes Frieden.
Wenn sich Stärkere für Schwächere einsetzen,
sind wir auf dem Weg zu Gottes Frieden.
Wenn wir uns unsere Fehler sagen lassen,
sind wir auf dem Weg zu Gottes Frieden.

Wenn wir aus unseren Fehlern lernen,
sind wir auf dem Weg zu Gottes Frieden.
Wenn wir Freud und Leid teilen,
sind wir auf dem Weg zu Gottes Frieden.
Wenn einer den anderen tröstet,
sind wir auf dem Weg zu Gottes Frieden.
Wenn wir einander Mut machen,
sind wir auf dem Weg zu Gottes Frieden.
Wenn wir „einfach da" sind,
sind wir auf dem Weg zu Gottes Frieden.
Wenn wir einander vertrauen,
sind wir auf dem Weg zu Gottes Frieden.
Wenn wir beten „dein Reich komme",
sind wir auf dem Weg zum Frieden.
Frieden hinterlasse ich euch, meinen Frieden gebe ich euch; nicht wie die Welt ihn gibt, gebe ich ihn euch. (Joh 14, 27)

Dem Frieden den Boden bereiten

Dem Frieden den Boden bereiten
sich nicht für den Mittelpunkt halten
Menschen in ihrem Anderssein akzeptieren
versuchen, sie zu verstehen
mit ihnen im Gespräch bleiben
hören und nachfragen
sich berühren lassen
mitdenken und mitfühlen
zusammen nach einem Weg suchen

den eigenen Standpunkt nicht aufdrängen
in den Schuhen des anderen gehen
Grenzen respektieren
dem anderen eine Chance geben
nicht wegschauen

sich einsetzen
etwas riskieren
aus Fehlern lernen
mehr auf das Gute achten
Vertrauen schenken
der Angst Hoffnung entgegensetzen
der Liebe Raum geben
Jesus nachfolgen:
„Ich habe euch ein Beispiel gegeben, wollt ihr meine Jünger sein?“
(vgl. Joh 13,15)

Friedenslitanei
Für alle, die sich in ihrem Umfeld um Frieden bemühen
Für alle, die Streit schlichten
Für alle, die für Versöhnung und Verständigung eintreten
Für alle Friedensbewegungen und Friedensinitiativen
Für alle, die in der Friedensforschung tätig sind
Herr, segne sie!

Für alle, die durch Egoismus oder Nationalismus den Frieden aufs Spiel setzen
Für alle, die glauben durch Krieg Frieden schaffen zu können
Für alle, die sich durch Kriege bereichern
Für alle, die aus den Kriegen der Vergangenheit nichts für Gegenwart und Zukunft lernen
Für alle, die für Friedensappelle taub sind
Herr, schenke Einsicht!

Für alle, die in Kriegsgebieten leben und nicht wissen, was in der nächsten Stunde geschieht
Für alle, die durch Kriege ihre Lebensgrundlagen verlieren
Für alle, die durch Kriege in Hunger und Elend getrieben werden
Für alle, die nach Angehörigen suchen

Für alle, die zu sinnlosen Opfern werden
Herr, erbarme dich!

Für alle, die genötigt werden, in den Krieg zu ziehen
Für alle, die der Kriegspropaganda und Kriegsmaschinerie ausgeliefert sind
Für alle, die nur noch Angst, Bedrohung und Lebensgefahr kennen
Für alle, die nur mehr unter menschenunwürdigen Bedingungen leben
Für alle, die keine Aussicht auf eine bessere Zukunft mehr sehen
Herr, sei bei ihnen!

Für alle, die sich um Verwundete und Verletzte sorgen
Für alle, die bis zur Erschöpfung auf ihren Plätzen aushalten
Für alle, die Unterstützung und Hilfe organisieren
Für alle, die sich um Gefallene und Verstorbene kümmern
Für alle, die geistlichen Beistand anbieten

Herr, gib ihnen Kraft!
Steh uns bei, erbarme dich, Herr, unser Gott und rette uns durch deine Gnade!

Segen

Nun bitten wir, dass das neue Jahr zum Segen werde:
V/A: Gott, segne und vollende, was wir begonnen haben!
Jetzt bitten wir, dass alles, was wir im neuen Jahr in die Hand nehmen, gesegnet sei:
V/A: Gott, segne uns und mach' uns zum Segen!
Wir reichen uns die Hände und schicken Segen
unseren Nachbarn
unseren Angehörigen
unseren Freunden

den Menschen, denen wir täglich begegnen
in unsere Wohnräume
in alle Räume, in denen wir uns aufhalten
auf alle Straßen und Wege, die wir gehen
V/A: Gott, segne sie und mach sie zum Segen!
Mit diesem Segen beginnen wir das neue Jahr. Wo wir sind, begegnen wir gesegneten Menschen. Wo wir uns aufhalten, halten wir uns in gesegneten Räumen auf. Wir sind umgeben vom Segen Gottes, den uns gesegnete Menschen zusprechen. Daher wünschen wie einander ein gutes neues Jahr!

Fantasie und Kreativität

Auf Initiative von Papst Paul VI. wird seit dem Jahr 1968 der erste Januar als Weltfriedenstag begangen. Aus diesem Anlass gibt es jedes Jahr eine päpstliche Friedensbotschaft, deren Gedanken in einem Gottesdienst verwendet werden können.

Hanns Sauter

Kehrt um und glaubt an das Evangelium

Friedensgebet in der Fastenzeit

Vorbereiten

Asche

Hinführung

Die Wochen vor Ostern sind eine Zeit des Nachdenkens über unsere Gottesbeziehung. Je tiefer diese ist, umso besser gelingt unser Leben. Bestes Beispiel dazu ist das Beispiel des Lebens Jesu. Jesus predigt das, was er von seinem Vater hört und erfahren hat, und lebt, was er predigt. Dadurch stellt er einer unruhigen und friedlosen Welt das Reich Gottes als Gegenwelt gegenüber, für die er sich einsetzt und auf die hinzuwirken er alle Menschen einlädt. Voraussetzung ist die Umkehr, das Eingeständnis, dass Gottes Wege zielführender sind als Menschenwege – auch wenn man dazu einen langen Atem benötigt. Dies zu verstehen, fällt oft ebenso wenig leicht wie umzukehren. Doch ist Umkehr die Voraussetzung zum Frieden.

Christusrufe

Herr Jesus, du rufst zu Umkehr und Neubeginn:
Du zeigst, was dazu notwendig ist: Wer sich nach deinem Wort richtet, trägt bei zum Frieden:

Bibel

Mk 1,14–15

Auslegung

Jesus beginnt sein Auftreten in der Öffentlichkeit mit einer Botschaft: „Das Reich Gottes ist nahe!“ Diese Botschaft ist „Evangelium“ – eine gute Botschaft, die zu verkünden und anzunehmen bedeutet, dass jetzt der „Kairos“ gekommen ist, der beste Augenblick. Im griechischen Wort Kairos schwingt auch die Aufforderung mit: „Passt auf! Dieser Augenblick kommt nicht mehr! Verpasst ihn nicht!“ „Reich Gottes“ ist ein Begriff mit einer zwar langen Geschichte, bei der jedoch von Anfang an klar war, dass damit kein von Grenzen umgebenes Territorium, das man betreten oder verlassen kann, gemeint ist. Es handelt sich auch nicht um eine Lehre oder Doktrin, sondern um ein Geschehen, das die Beziehung zwischen Gott und den Menschen ausdrückt. Beziehung aber ist nicht etwas Theoretisches, sondern etwas Lebendiges, Vielfältiges – etwas, das Änderungen unterworfen ist. Eine Beziehung kann wachsen und reifen, aber auch schwinden. Nun ist die Beziehung, die die Menschen zu Gott haben, jene von Schöpfer und Geschöpf, von ihm haben sie das Leben. Je tiefer ihre Beziehung zu Gott ist, umso mehr gelingt ihr Leben und zwar so, wie sich Gott „Leben“ vorstellt. Dazu gehören Gemeinschaft, Vertrauen, Hoffnung, Vitalität, Vielfalt und anderes – eine Fülle von Aspekten, die in der hebräischen Sprache im Wort „Schalom“ enthalten sind. Es ist schwer in andere Sprachen zu übersetzen; ein Vorschlag ist, „Schalom“ mit „lebensfördernde Atmosphäre“ zu umschreiben. Jesus hat diese Atmosphäre vorgelebt und verbreitet: Seine Krankenheilungen, seine Sündenvergebung, sein Erbarmen mit den Menschen lassen die Nähe Gottes spüren, der nicht rächt, sondern heilt. Wer dies erkannt und für sein Leben als wegweisend übernommen hat, trägt zu diesem Reich Gottes bei. Dazu braucht es aber die Umkehr. Umkehr ist mehr als eine Sinnesänderung. Umkehr ist die Rückkehr zu Gott, von dem sich der Mensch abgewendet hat, indem er versucht hat, sich an seine Stelle zu setzen. Wer umkehrt, setzt den Akzent wieder richtig, denn er versteht sich nicht länger als „Herr“, sondern wieder – wie es den Tatsachen entspricht – als Geschöpf, für das es nur gut ist, wenn es auf dem Weg bleibt, den ihm der Schöpfer vorgibt und empfiehlt. Dies ist das Anliegen Jesu, wie er es mit dem Evangelium, seinen Worten und seiner Lebensführung zeigt. Wer sich daran hält, ist auf dem Weg in Gottes Reich. Er sorgt mit seinen Kräften und in seinem Einflussbereich für eine lebensfördernde Atmosphäre. Die Worte Jesu gelten für alle Zeiten und richten sich an alle Menschen. Er kündigt die Nähe des Gottesreiches an, des Zustandes, den sich alle Menschen wünschen. Wann dies erreicht ist, ist zeitlich nicht berechenbar. Es zeigt sich vielmehr in der Qualität des Glaubens und in der Tiefe des Vertrauens in den Schöpfer-Gott. Er ist da. Wir brauchen ihn nicht zu bitten, dass er kommt oder dass er einschreitet, wenn etwas nicht so läuft, wie wir es gerne hätten. Wir brauchen uns nur nach dem zu richten, was er vorgibt. „Sucht zuerst das Reich Gottes und seine Gerechtigkeit, dann wird euch alles andere dazugegeben.“ (Mt 6,33)

Gedanken und Gebete

Armer Gott – Gebet

Lieber Gott, du tust mir wirklich leid. Was hast du dir mit uns Menschen nur angetan! Gäbe es uns nicht oder wären wir nicht so eigensinnig, hättest du es sicher einfacher. Aber du wolltest es offensichtlich nicht anders und nun machen wir nur Probleme, die nicht sein müssten. Wenn wir dann nicht mehr weiterwissen, dann schieben wir dir die Schuld dafür in die Schuhe: „Warum lässt Gott das zu? Warum tut er nichts? Wenn er ein guter Gott ist, dann

kann er doch nicht einfach zuschauen!“ Ist das nicht typisch: erst alles besser wissen, dadurch Schaden verursachen, den Problemen nicht mehr gewachsen sein und sich dann für die Problemlösung „nicht zuständig“ fühlen, anstatt dass wir die Größe haben, eigene Fehler einzugestehen und aus ihnen zu lernen.
Lieber Gott, weil ich so vieles nicht verstehe – oft auch dich nicht –, kann ich nur noch sagen, dass ich dich grenzenlos bewundere: deine Geduld, deine Liebe, deine Treue. Ich versuche, zumindest kleine Zeichen zu setzen, die sagen, dass es auch anders geht.

Zeichen setzen – Meditation
Zeichen setzen
... der Umkehr
gegen Resignation
gegen Gleichgültigkeit
gegen Interesselosigkeit
gegen Trägheit
gegen Teilnahmslosigkeit

... des Glaubens
gegen Misstrauen
gegen Angstmacherei
gegen Vorurteile
gegen Bedenken
gegen Befürchtungen

... des Gottesreiches
nicht ausgrenzen
aufeinander zugehen
an das Gute glauben
solidarisch sein
auf Gottes Wort hören

Segen

Gesegnet sei
dein Suchen und Versuchen
dein Auf-der-Stelle-treten
dein Nicht-weiter-kommen
und dein Trotzdem.

Gesegnet sei
dein Nachdenken und Planen
deine Anstrengung durchzuhalten,
deine Versuchung aufzugeben
und dein Trotzdem.

Gesegnet sei
deine Bereitschaft und dein Bemühen
dein Einsatz und deine Treue
dein Glaube und deine Hoffnung
vor allem aber deine Zuversicht.

Fürbitten
Wir wollen zu Gott beten und ihn bitten
für alle, die den Weg der Umkehr einschlagen:
für alle, die Jesu Aufruf zur Umkehr hören:
für alle, die das Evangelium verkünden:
für alle, die sich schwertun zu vergeben:
für alle, die Opfer von Gewalt und Bosheit geworden sind:
für alle, die egoistisch und uneinsichtig sind:
Gott, du bist uns Menschen nahe, auch wenn wir versagen und schuldig werden. Wir glauben, dass du trotz allem Wege findest, die zu Frieden und Versöhnung führen. Dir sei Ehre in Ewigkeit.

Zeichenhandlung

Klassisches Zeichen der Umkehr ist das Aschenkreuz. Es kann ausgeteilt werden mit den Worten: „Kehr um und glaub an das Evangelium“.

Fantasie und Kreativität

Suchen Sie Umkehrgeschichten aus dem Neuen Testament und gestalten Sie damit einen Bibelkreis, ein Bibel-Teilen oder einen Bibliolog. – Was ist Ihnen dadurch zum Thema Frieden klarer geworden? Wie können Sie Ihre Erkenntnisse in den Alltag einbringen? Was ist der erste Schritt?

Hanns Sauter

Friede sei mit euch

Friedensgebet in der Osterzeit

Vorbereiten

Osterkerze, Kerzen mit Aufschrift „Friede“ in mehreren Sprachen für alle

Hinführung

Die ersten Worte des auferstandenen Jesus an seine Freunde sind: „Friede sei mit euch!“ Sie sind zunächst nichts anderes als der übliche jüdische Gruß „Schalom“. Doch zweimal unmittelbar hintereinander und aus dem Mund des Auferstandenen gesprochen, erhält er einen tieferen Sinn. Es geht um den Frieden, den Frieden, den die Welt nicht geben kann. Dieser Friede ist das Geschenk des Herrn an alle, die an ihn glauben. Was bedeutet das aber für uns, für unsere Vorstellungen von Frieden und unsere Friedensbemühungen?

Christusrufe

Herr Jesus, du rufst uns zu: „Friede sei mit euch!“ –
Herr, erbarme dich.
Du gibst uns deinen Frieden: Christus, erbarme dich.
Du sendest uns als deine Boten: Herr, erbarme dich.

Bibel

Joh 20,19–22

Auslegung

„Friede sei mit euch!“ – diesen Gruß hören wir in den Osterevangelien immer wieder. Das Geschenk des auferstandenen Jesus an die Menschen ist der Friede. Jesus spricht ihn jedem Einzelnen zu. Darin eingeschlossen ist aber, was er durch seinen Tod für alle Welt bewirkt, ja buchstäblich erlitten hat: der Friede zwischen Gott und den Menschen. Friede ist daher mehr als ein Leben ohne Waffen, sondern ein Miteinander von Gott, Menschen und Schöpfung. In dieses Miteinander haben die Menschen durch ihr Verhalten eine Kluft getrieben und sich vom Schöpfer-Gott, dem sie ihr Leben verdanken, getrennt. Nun sind sie von dem, der Leben schenkt, abgeschnitten und in ihrer Gottebenbildlichkeit beschädigt. Der biblische Ausdruck für diesen Zustand ist Sünde. Jesus hat nun die „Vergebung der Sünden“ bewirkt, d. h. diese Kluft wieder geschlossen. „Vergebung der Sünden“ verstehen wir eher in einem engen Sinn als Entschuldigung oder Verzeihung der Vergehen eines Einzelnen. Diese Verfehlungen aber sind lediglich die Auswirkung dieses von Gott-getrennt-seins, denn ein Mensch, der mit Gott verbunden ist, käme gar nicht auf die Idee, etwas zu tun, was einem Leben mit Gott widerspricht und damit den Frieden beeinträchtigt. Jesus hat die Rahmenbedingungen zu diesem Frieden wieder geschaffen, diese müssen nun mit Leben erfüllt werden. Auch dazu hat Jesus den Weg gezeigt. Es ist der Weg der Liebe, der Versöhnung, des Friedensstiftens, wie er ihn durch das Zeichen der Fußwaschung verdichtet hat. Wer diesen Dienst ausübt, bringt neues Leben in die Welt. Dazu sendet Jesus die Jünger. Zuvor aber begrüßt er sie – die Urgemeinde – nochmals mit „der Friede sei mit euch.“ Damit sagt er: Der Weg, den ihr mit mir eingeschlagen habt, ist der richtige. Ihr seht, dass alle Bosheiten und Schrecken, auch die tödlichsten, nicht das letzte Wort haben. Wer meinen Weg geht, ist auf dem richtigen Weg. Wer bereit ist, ihn zu gehen, trägt ab sofort zum Frieden bei. Was vorher war, spielt keine Rolle mehr, es ist vergeben und vergessen. Was zählt, ist die Bereitschaft, Frieden zu bringen. Jeder hat dazu die Möglichkeit, er kann Zeichen setzen. Wer jedoch nicht dazu bereit ist, dem ist nicht zu helfen. Ostern ist in einer Welt, die krisengeschüttelt ist, in der Angst, Ratlosigkeit, Verzweiflung und Enge herrschen, daher ein Zeichen, dass ein neuer Anfang möglich ist. Wie dies geschieht, ist immer verbunden mit den Lebensverhältnissen und der konkreten Umgebung: Familie, Gemeinschaften, Arbeitsplatz, Gemeinde ... Der Friede selbst aber ist das Zeichen des vollendeten Gottesreiches. „Friede auf Erde“ kann daher immer nur eine Ahnung von dem Frieden sein, den Gott für alle bereithält. Aber diese Ahnung kann wachsen. Die Wege, die das Evangelium aufzeigt, sind Wege für jede/n – er oder sie muss sie nur verstehen und gehen –, an erster Stelle steht die Einsicht, dass mit einem Gott, der am Kreuz sein Leben für uns gegeben hat, kein Krieg zu machen ist.

Gedanken und Gebete

Gebet

Auferstandener Jesus,

du hast uns Schritte zum Frieden gezeigt und vorgelebt. Doch immer wieder gerät unser Miteinander und das Zusammenleben der Menschen aus den Fugen. Deshalb bitten wir dich:

Wenn sich Unfriede verbreitet und Menschen unter Konflikten leiden, gib, dass die Türen der Herzen einen Spalt offen bleiben. Wenn Misstrauen und Gewalt unter den Menschen wachsen, lass auch den Geist für Einheit und Vertrauen wachsen. Wenn Hass zwischen den Völkern entsteht, dann möge auch Liebe entstehen, wo bisher keine war. Wenn Chaos und Durcheinander herrschen und Propaganda alles übertönen möchte, dann gib, dass wir das eine vom anderen unterscheiden können. Gib uns deinen Geist, der uns durch Unklarheiten leitet, ein Herz, voll von deinem Frieden, das Ruhe und Besonnenheit bewahrt. Gib, dass sich die Menschen zusammenfinden, die sich überall für

Gewaltlosigkeit, Frieden und Gerechtigkeit einsetzen. Wir wollen das Unsere tun, füge hinzu, was wir nicht tun können.

Bitten an den Auferstandenen

Herr,
gib von deiner Freude
denen, die sich abkapseln oder verstecken
gib von deinem Frieden
denen, die keinen Frieden finden
gib von deiner Zuversicht
denen, die weinen oder verzweifeln
gib von deinem Leben
denen, die starr oder versteinert sind
gib von deinem Heil
denen, die gekränkt oder verwundet sind
gib von deiner Liebe
denen, die lieblos sind oder hassen
gib von deinem Glauben
denen, die misstrauen oder zweifeln
gib von deinem Licht
denen, die sich einsam oder verlassen fühlen
gib von deiner Stärke
denen, die matt und schwach sind
gib von deiner Kraft
denen, die nach Leben schreien

Jesus,
deine Auferstehung zeigt, dass dein Weg *der* Weg ist,
du bist Mensch geworden, dein Kommen hat die Welt verändert,
deine Botschaft ist die Botschaft von Recht und Gerechtigkeit,
von Friede und von der Würde aller als Kinder Gottes.

Jesus,
du nimmst Trauer und schenkst Freude.
Du baust Brücken und stiftest Gemeinschaft.
Du vergibst Schuld und verbreitest Frieden.
Du tröstest und lässt aufleben.

Jesus,
du hältst nichts von Dünkel und Eitelkeiten.
Du baust auf Menschenwürde und Miteinander.
Du sensibilisierst für Ungerechtigkeiten.
Du setzt auf Offenheit und Wahrheit.

Jesus,
begleite uns auf unserem Weg.
Es ist der Weg, den du vorausgegangen bist.
Es ist der Weg, der ins Leben führt.
Es ist der Weg, den alle gehen können.

Es ist der Weg zum Frieden.

Osterinitiativen
Osterlichter aufstellen an allen Fenstern
Osterfeuer anzünden in den dunklen Ecken der Welt
Osterkerzen bringen in Wohnungen und Häuser
Osterlieder anstimmen in allen Kirchen
Ostergrüße schicken zu anderen Menschen
Osterzeugen befragen nach ihren Erfahrungen
Osterschritte gehen um zu glauben

Osterspuren entdecken in unserem Leben
Osterbotschaft verkünden wie die Engel den Frauen
Osterfrieden verbreiten, weil Jesus uns sendet

Zeichenhandlung

Um die brennende Osterkerze stehen kleinere Kerzen mit der Aufschrift „Friede", evtl. in unterschiedlichen Sprachen (Friede, pax, eirene, pace, mir, schalom, peace ...). Der Reihe nach zündet einer nach dem anderen eine der kleineren Kerzen an der Osterkerze an und übergibt sie seinem Nachbarn mit den Worten: „Auch durch dich kommt Friede in die Welt."

Fantasie und Kreativität

Während des Ersten Weltkrieges ereignete sich 1915 in einem Teilabschnitt der Ostfront eine ganz ähnliche Geschichte wie Weihnachten 1914 an der Westfront. Russische Soldaten kamen zu Ostern aus ihren Schützengräben, gingen ohne Waffen auf die deutschen Truppen zu, wünschten ihnen „frohe Ostern" und überreichten Ostereier. Kurze Zeit danach wurde wieder geschossen. Erst in die Luft, dann aufeinander.

Eine ausführliche Darstellung in: Karl Friedrich Borée (1886–1964): Der russische Frühling. in: ders.: Spielereien und Spiegelungen, Darmstadt (Roether Verlag) 1961.

Zur Diskussion

Was sagt die Geschichte über die (historisch gewachsene) Verflochtenheit von Politik und Religion? Was sagt sie über die Umsetzung des Evangeliums? Über „die da oben" und „die da unten"? Was müsste geschehen, dass das Evangelium im Sinne Jesu verkündet wird – und was kann ich dazu beitragen?

Hanns Sauter

Frieden hinterlasse ich euch, meinen Frieden gebe ich euch

Friedensgebet zu Pfingsten

Vorbereiten

Kresse- oder Grassamen oder Blumenzwiebeln für alle, ebenso Töpfe oder Balkonkästen und Erde (möglichst Gartenerde, in der sich noch Steine, Wurzeln usw. befinden)

Hinführung

Vor seinem Leiden hat Jesus den Aposteln erklärt, dass der Hl. Geist sie alles lehren und an alles erinnern wird, was er ihnen gesagt hat und den Frieden dazu als Beispiel angeführt: „Meinen Frieden gebe ich euch, nicht wie die Welt ihn gibt, gebe ich ihn euch.“ Was Jesus unter Friede versteht, geht offensichtlich über das hinaus, was Menschen meinen, und bedarf eines längeren Prozesses, um dies zu verstehen. Damit Friede zustandekommen kann, braucht es offensichtlich zweierlei: das Bemühen des Menschen und das Wirken Gottes, der hinzufügt, was ihm noch fehlt. Es stellt sich die Frage, ob unser Bemühen so intensiv und glaubwürdig ist, dass Gott es vollenden kann.

Christus-Rufe

Herr Jesus Christus, dein Geist führt uns aus festgefahrenen Bahnen: Herr, erbarme dich.
Dein Geist weckt neue Gedanken und Gnadengaben: Christus, erbarme dich.
Dein Geist wirkt, wo man ihn einlässt: Herr, erbarme dich.

Bibel

Joh 14,26–31

Auslegung

Zu den gegenwärtig am häufigsten verwendeten Worten zählt sicher „Friede". Wie aber kommt es dazu? Sicher durch das aufrichtige Bemühen, Konflikte durch Miteinander-reden zu lösen, Kriege zu vermeiden oder zu beenden und Kriegsfolgen zu beseitigen. Die Gegenwart zeigt, wie schwierig dies ist und wie gering die Konsequenzen sind, die sowohl aus den Erfahrungen mit den Kriegen der Vergangenheit als auch den Ergebnissen der Friedensforschung gezogen werden. Dennoch gibt es eine globale Sehnsucht nach Frieden, wenn auch die Vorstellungen darüber, wie diese verwirklicht werden kann, sehr unterschiedlich verstanden werden. Sicher sollte es das oberste Ziel aller Politik sein, weltweit Frieden zu erreichen. Aber ist das, was die Politik erreichen kann auch das, was Jesus unter Friede versteht? Nach seinen Worten ist auf „den Frieden, wie die Welt ihn gibt", kein Verlass. Klare Worte dazu fand Papst Johannes XXIII. im Jahr 1963 mit seiner Enzyklika „Pacem in terris". So benannte er als Voraussetzungen für jeden Frieden Wahrheit, Gerechtigkeit, Liebe und Freiheit. Unter „Wahrheit" fällt, dass es keine Rassendiskriminierung geben darf, dass alle Menschen die gleiche Würde haben. Jeder hat das Recht auf

Leben, auf Entfaltung, auf die geeigneten Mittel für eine menschenwürdige Lebensführung. „Gerechtigkeit“ bedeutet, dass die beiderseitigen Rechte anerkannt und die gegenseitigen Pflichten erfüllt werden – sowohl in einem solidarischen Verhalten der Staaten zueinander als auch in anderen Bereichen wie Abrüstung, Minderheiten, Flüchtlingen, indem jeder die Rechte der anderen respektiert und sich bemüht, seine Pflichten ihnen gegenüber zu erfüllen. Eine weitere Voraussetzung ist „Freiheit“, d. h. keine Nation hat das Recht, eine andere zu unterdrücken oder sich ungebührlich in deren Angelegenheiten einzumischen. Vielmehr sollten sich alle gegenseitig helfen, um gemeinsam Fortschritte zu erzielen und bei der Wahl der dazu erforderlichen Mittel der Vernunft folgen und Verantwortung für das eigene Handeln zu übernehmen. „Liebe“ versteht er hier als ein Sich-hineindenken in die Situation des anderen. Das Zweite Vatikanische Konzil bezieht sich auf die Enzyklika und stellt im Kapitel 5 der Konstitution „Gaudium et spes“ dazu ergänzend fest, dass der Friede Christi mit dem politischen Frieden nicht deckungsgleich ist und sein kann. Der Glaube an die in Christus grundsätzlich geschehene Versöhnung Gottes mit den Menschen sollte jedoch für die Christen Grund sein, sich nach besten Kräften für den Frieden in der Welt einzusetzen. Der „Friede Christi“, der in ihnen wirkt, versetzt sie in die Lage, die mit diesem Engagement verbundenen großen Schwierigkeiten und Enttäuschungen besser zu verkraften, langfristiger zu denken und den Mut, sich weiterhin für den Frieden einzusetzen, nicht zu verlieren. Hier ist – wie schon Johannes XXIII. betont hat, das Eintreten für Humanität, soziale und politische Gerechtigkeit und Freiheit, der Kampf gegen die Ursachen von Kriegen wie Hunger, Elend, Unterdrückung von besonderer Zeugniskraft für den Frieden, den Jesus meint. Dazu sei der Abschluss der Enzyklika „Pacem in terris“ zitiert: „Wir meinen ein Ordnungsgefüge, das in der Wahrheit gegründet, nach den Richtlinien der Gerechtigkeit erbaut, von lebendiger Liebe erfüllt ist und sich schließlich in der Freiheit verwirklicht. Es handelt sich hier um eine so hohe und so bedeutende Aufgabe, dass ein Mensch – sei er auch höchsten Lobes würdig und vom besten Willen beseelt – sie nie erfüllen könnte, wenn er sich nur auf seine eigene Kraft verließe. Dass die menschliche Gesellschaft soweit als möglich ein Abbild des Gottesreiches werde, dazu braucht es dringend der Hilfe des göttlichen Geistes und so kam er, euch, den Fernen wie auch den Nahen, den Frieden kundzutun". (PC 168–169) Der Nachfolger von Papst Johannes XXIII., Papst Paul VI., meinte in diesem Zusammenhang: „Entwicklung ist das neue Wort für Frieden."

Gedanken und Gebete

Die Werke des Fleisches sind deutlich erkennbar: ... Feindschaften, Streit, Eifersucht, Jähzorn, Eigennutz, Spaltungen, Parteiungen, Neid. Ich sage euch voraus, wie ich es früher vorausgesagt habe: Wer so etwas tut, wird das Reich Gottes nicht erben. Die Frucht des Geistes aber ist Liebe, Freude, Friede, Langmut, Freundlichkeit, Güte, Treue, Sanftmut und Enthaltsamkeit ... Wenn wir im Geist leben, lasst uns auch im Geist wandeln. (Gal 5,19–25)

*

Wir glauben an den Heiligen Geist, den Geist, der uns das Denken und Handeln immer neu erschließt und uns hilft, es für unsere Zeit zu aktualisieren. Fragen wir uns:
Was tun wir, damit dieser Glaube in uns wächst? Ist an unserem Lebensstil und Verhalten erkennbar, dass wir uns um ein Leben in diesem Geist bemühen? Wie erkennbar ist dieser Geist in unserem Miteinander als Pfarrgemeinde, christliche Gemeinschaft, kirchlicher Institution? Nehmen wir Ungerechtigkeiten und ihre Ursachen wahr, zeigen wir sie auf und versuchen wir, etwas dagegen zu tun? Verkünden wir das Evangelium als Botschaft der Versöhnung,

der Freude, des Friedens, der Hoffnung? Können wir uns in die Bedürfnisse des anderen hineinversetzen? Setzen wir konkrete Zeichen, an denen alle „Menschen guten Willens" erkennen können, wie ernsthaft wir es meinen?

*

Komm, Heiliger Geist, und schenke mir die Gabe der Versöhnung. Lass sie in mir und durch mich wirken, wie sie in Jesu Denken und Handeln sichtbar wurde.

*

Heiliger Geist, erfülle mein Herz mit deiner Kraft. Befreie mich von Vorurteilen und Schuld und stärke in mir die Bereitschaft zur Versöhnung. Hilf mir der Versuchung zum Bösen zu widerstehen und leite mich an, das Gute zu tun und zu verbreiten. Erfülle mich mit deinen Gaben, damit mein Leben nach dem Vorbild des Lebens Jesu Gestalt annimmt. Vor allem aber schenke mir Liebe, denn sie ist das Fundament des Lebens. Gib, dass auch durch mein Tun und Lassen die Welt besser wird und alle Menschen in Frieden auf ihr leben können.

Anrufung des Heiligen Geistes

Wir rufen zu dir, Heiliger Geist,
du bist uns nahe in Ängsten und bei Mutlosigkeit,
wenn wir uns abschließen und verbergen wollen,
wenn wir unsicher sind und straucheln,
wenn wir keine Aussicht auf eine Wende sehen.
Du bist der Geist der Stärke:

Wir rufen zu dir, Heiliger Geist!

Wir rufen zu dir, Heiliger Geist,
du begleitest unser Denken und Reden,
bewahrst vor schnellen Urteilen und überstürzten Entscheidungen,
du bereitest den Boden, auf dem Frieden entstehen kann:
Besonnenheit, Geduld und Gerechtigkeit.
Du bist der Geist der Weisheit:
Wir rufen zu dir, Heiliger Geist!

Wir rufen zu dir, Heiliger Geist,
du bewahrst uns vor engstirnigem Denken und Handeln,
weitest unseren Blick und unser Überlegen,
du wirkst ein auf unsere Entscheidungen,
damit sie uns und anderen nützlich sind.
Du bist der Geist der Einsicht:

Wir rufen zu dir, Heiliger Geist!
Wir rufen zu dir, Heiliger Geist,
du zeigst einen Ausweg, wenn wir an Grenzen stoßen,
wenn wir uns verirrt oder verstrickt haben,
wenn wir uns für mehr und für besser halten als andere Menschen
und darauf vergessen, dass auch diese Kinder Gottes sind.
Du bist der Geist des Rates:

Wir rufen zu dir, Heiliger Geist,
du vertiefst in uns die Beziehung zu Gott,
der Quelle und dem Ziel allen Lebens und aller guten Gaben,
du bewirkst, dass wir in ihm Frieden und Heimat finden
und diese Heimat und ihren Frieden auch anderen anbieten können.
Du bist der Geist der Frömmigkeit:
Wir rufen zu dir, Heiliger Geist!

Wir rufen zu dir, Heiliger Geist,
du erhältst in uns das Bewusstsein für Gottes Größe,

dass er sich nicht mit menschlichen Maßstäben fassen lässt, dass seine Sichtweisen von Erfolg und Misserfolg, Freiheit und Frieden anders und weiter sind, als die der Menschen.
Du bist der Geist der Gottesfurcht:

Wir rufen zu dir, Heiliger Geist,
du lässt uns die Welt im Lichte Gottes sehen,
so dass wir ahnen können, wie er sie sich vorstellt,
was wir dazu tun können, dieses Ziel zu erreichen,
und sehen, was davon schon geschehen ist.
Du bist der Geist der Erkenntnis:
Wir rufen zu dir, Heiliger Geist!

Fürbitten

Gott, sende aus deinen Geist und alles wird neu geschaffen. In diesem Sinne beten und bitten wir für
alle Christen, dass sie ihre Spaltungen überwinden und so zum Frieden beitragen: Segne sie und ihr Bemühen!
die Gläubigen aller Weltreligionen, dass sie mutiger und unbefangener aufeinander zugehen:
alle, Politiker, dass das Ziel ihrer Amtsführung Frieden und Freiheit für alle ist:
alle, die in der Wirtschaft den Ton angeben, dass fragwürdige Praktiken für sie nicht infrage kommen:
alle, die in der Welt der Medien tätig sind, dass sie Fakten wahrheitsgetreu und respektvoll darstellen:
alle Menschen, dass sie zum Frieden beitragen, was sie dazu beitragen können:
denn wenn sich alle Menschen guten Willens zusammenfinden, wird das Angesicht der Erde neu und in deinem Frieden sein.

Zeichenhandlung

Wir säen Samen des Friedens. Zuvor bereiten wir den Boden und reißen Hass, Kälte, Misstrauen, Vorurteile, Verdächtigungen ... *(symbolisiert durch die Steine u. a.)* heraus. Dann säen wir Samenkörner: Geduld, Zuhören, Freundlichkeit, Verständnis, Vertrauen, Wohlwollen ... (Grassamen, Blumenzwiebeln). Samen und heranwachsende Pflanzen müssen gepflegt werden, damit sie nicht vertrocknen. Wie kann das geschehen? – Schon wenn sie heranwachsen, verändern sie ihre Umgebung! Viele kleine, blühende Welten aber verändern die große Welt. – Bitte beachten: Samen gehen oft an unerwarteter Stelle auf, Friedensbemühungen auch!

Fantasie und Kreativität

Die Enzyklika „Pacem in terris“ und das 5.Kapitel der Konzilskonstitution „Gaudum et spes“ – die Texte finden sich im Internet – gemeinsam lesen und besprechen: Was haben die Enzyklika/der Konzilstext damals bewirkt? Welche Aussagen sind bis heute gültig? Worin müssten sie fortgeschrieben werden? – Gestalten Sie eine Bildungsveranstaltung zum Thema „Neuere kirchliche Lehraussagen zu Friede“ oder „Päpstliche Friedensbemühungen von Benedikt XV. bis heute“. Material und Hinweise dazu im Internet: www.pax-christi.de oder www.pax-christi.at. Buch-Tipp: Alexander Merkl u. a.: Die Friedensbotschaft der Päpste von Paul VI. bis Franziskus, Herder 2022.

Hanns Sauter

Selig, die Frieden stiften

Friedensgebet zu Allerheiligen

Vorbereiten

Kerzen oder Lichter für alle

Hinführung

Wie stellt sich Jesus die Menschen vor? Die Seligpreisungen lassen es uns erahnen. Es sind Menschen, die wissen, dass sie sich ihr Heil, ihr Glück und ihren Frieden nicht selbst schaffen können, die es auch nicht von irgendwem erwarten, sondern von Gott, aber ihren Beitrag dazu leisten. Dazu gehören die Friedfertigen und jene, die aus eigenem Entschluss Gewalt ertragen oder auf Gewalt verzichten. Sie sind dazu in der Lage, weil sie auf eine größere Gerechtigkeit vertrauen. Weiterhin gehören dazu jene, die barmherzig oder „rein im Herzen" sind. Damit sind jene gemeint, denen es um intakte zwischenmenschliche Beziehungen geht. Die Beziehungen zwischen den Menschen können aber nur dann stimmen, wenn auch die Beziehung zu Gott stimmt. Oft fallen solche Menschen im täglichen Leben gar nicht auf, doch gerade sie sind es, die das Reich Gottes und seinen Frieden – und damit Frieden auf Erden und unter den Menschen – Wirklichkeit werden lassen. Dazu zählen die Heiligen – gleich ob wir damit jene meinen, die als solche in aller Form verehrt werden, oder alle „Heiligen des Alltags", die sich darum bemühen, ihr Leben nach den Vorstellungen Jesu zu führen.

Christus-Rufe

Herr Jesus Christus, du entwirfst mit deinen Worten ein Reich, in dem Frieden herrscht: Herr, erbarme dich.
Du sagst, was Menschen zu diesem Reich beitragen können: Christus, erbarme dich.
Du bist unter uns gegenwärtig durch Menschen, die deine Worte leben: Herr, erbarme dich.

Bibel

Mt 5,1–16

Auslegung

Sind die Seligpreisungen ein weltfremdes Programm oder eine gesellschaftspolitische Schwärmerei oder ein Schönreden von Missständen, wie immer wieder zu hören ist? Jesu Anliegen war es nicht, auf spektakuläre Art und Weise Veränderungen sozialpolitischer Art herbeizuführen. Die Menschen, zu denen Jesus gesprochen hat, waren einfache Leute ohne sogenannte „richtige" Beziehungen, sie hatten weder Einfluss auf die große Politik noch andere Möglichkeiten, die Welt maßgeblich zu verändern. Jesu Anliegen war nicht, lebensfeindliche Umstände schönzureden oder Menschen, die unter Missständen litten, zu vertrösten. Er sagt aber denen, die benachteiligt sind: Gott ist auf eurer Seite! Dies klingt zunächst danach, als würde Gott nichts tun, um Armut zu beseitigen. Doch gehen wir dabei von der menschlichen Sicht der Dinge aus. Gottes Macht besteht nicht darin, dass er alles tun könnte, was er wollte oder was sich Menschen von ihm wünschen. Zustände, die dem Frieden zwischen den Menschen entgegenstehen wie Armut, Hunger, Ungerechtigkeiten oder Streit, sind menschengemacht und können daher auch von ihnen beseitigt werden.

Gottes Macht, die allen feindlichen Mächten überlegen ist, besteht nicht darin, „Wunder“ zu wirken, sondern in der Liebe und Treue zu seinen Geschöpfen. Diese Liebe kann aber nur dort etwas bewirken, wo sie auf Gegenliebe stößt oder zumindest auf eine Offenheit für Gottes Sicht der Dinge. So merkwürdig das klingen mag: Gottes Macht ist begrenzt; die Grenzen seiner Handlungsmöglichkeiten setzt ihm seine Liebe. Er kann sich nicht lieblos gegen Menschen verhalten oder etwas mit Gewalt durchsetzen, denn dadurch würde er sich widersprechen. Gott kann nur da ansetzen, wo er für seine Sichtweise von Leben und Zusammenleben unter den Menschen Partner findet und bei ihnen die Aufgeschlossenheit für seine Wege bestätigen und verstarken. Dazu gehören jene, die kein oberflächliches Leben führen möchten, sondern in die Tiefe gehen wollen, die keine Gewalt anwenden, die barmherzig sind, die sich um Frieden bemühen, die ohne triftigen Grund beschimpft und verfolgt werden. Im Sinne Gottes sind sie nicht tatenlos oder schicksalsergeben, sondern höchst aktiv, denn sie sind ein Beispiel für eine Welt, in der es auch „anders“ zugehen kann, und arbeiten mit ihm an der „Bekehrung der Herzen“ aller. Eine solche Umkehr bis ins Innerste des Menschen aber ist es, die zu einer friedlicheren Welt führt. Friedensabkommen, so wertvoll sie auch sein mögen, erweisen sich schnell als brüchig, wenn damit nicht ein grundlegendes Umdenken verbunden ist. Gott ist ein Gott des Schalom – eines umfassenden Heiles und Friedens: „Ich denke Gedanken des Heils und nicht des Unheils; denn ich will euch eine Zukunft und eine Hoffnung geben.“ (Jer 29,22) Die Einheit von Frieden und Heil, die in Gott ist, ist auf Erden zerbrochen.

Frieden bedeutet aber nicht nur„Sich-in-Ruhe-lassen“, Grenzen respektieren, Toleranz, Verhandlungsbereitschaft – dies sind Bausteine, ohne die es keinen Frieden geben kann. Sie markieren den Weg zum Frieden, der im Reich Gottes verwirklicht ist. Selig sind daher jene, die dazu einen – wenn auch noch so kleinen – Baustein beitragen: für die Hass, Neid oder Streit nicht infrage kommen, die versöhnen, ausgleichen, das Gute bestärken. Wer selbst im Frieden mit Gott lebt, braucht dazu oft gar nicht viele Worte zu machen. Er ist ein Beispiel dafür, dass es Frieden gibt. Die Frage, die die Bergpredigt stellt, ist daher nicht die nach gesellschaftspolitischer Relevanz, sondern lautet: Glaube ich, dass das, was Jesus hier verkündigt, wirklich Gottes Einstellung ist? Dass er sein Reich – unsere Zukunft – auf ein Miteinander aufbaut, in dem Platz ist für alle mit ihren Bedürfnissen? Dass er die, die auf der Schattenseite des Lebens stehen, nicht sich selbst überlässt und jene stärkt, die auf scheinbar verlorenem Posten stehen? Dass er jene Menschen sogar zu einem Zeichen seiner Nähe und Liebe macht, weil sie verstehen, worum es ihm geht? Wenn ja, dann stellt sich die Zusatzfrage: Wie zeigt sich mein Glaube an die Worte Jesu? Wer Jesus nachfolgt, macht sich Gottes Denkweise zu eigen und lebt danach. Die Heiligen haben die Worte Jesu ernst genommen, sind dadurch aufgefallen, waren daher „Salz“ und „Licht“. Die Vielzahl der Heiligen sagt, dass es viele Möglichkeiten gibt, Jesu Worte in die Tat umzusetzen und Salz und Licht zu sein. Daher eine dritte Frage: Wo kann ich – wenn ich auf meine Möglichkeiten schaue – Salz oder Licht sein? Und eine letzte: Wem bin ich für sein Beispiel dankbar?

Gedanken und Gebete

Seligpreisungen – Meditation
Selig die Menschen, die nicht nur auf sich selbst schauen, sondern auch auf andere. Sie erweitern ihren Horizont.
Selig die Menschen, die Geduld und Barmherzigkeit leben. Sie geben schwachen oder verängstigen Menschen Kraft und Mut.
Selig die Menschen, die die Meinungen und Einstellungen anderer achten. Sie tragen dazu bei, dass Mauern und Gräben zwischen ihnen verschwinden.

Selig die Menschen, die ihren Einfluss und ihre Macht nicht zum eigenen Vorteil einsetzen. Sie arbeiten an einer Friedensordnung für alle.
Selig die Menschen, die Krieg, Folter und Demütigung verurteilen. Sie handeln, wie es Ebenbildern Gottes zukommt.
Selig die Menschen, die die ihnen anvertrauten Aufgaben erfüllen. Sie leben Frieden dort, wo sie sind.
Selig die Menschen, die die Botschaft Jesu leben und verkünden. Sie gehen den Weg der Versöhnung, der Liebe und des Friedens.

Glaubwürdig – Impuls

Die Glaubwürdigkeit des Glaubens hängt von Menschen ab. Wir Christen sind aufgerufen, glaubwürdige Zeugen Jesu zu sein. Das kann bedeuten:
Geht den ersten Schritt!
Versucht, was keiner wagt!
Traut euch zu, wovor sich andere scheuen!
Lasst euch nicht verbieten, selbstständig zu denken!
Nennt beim Namen, was gerne verschwiegen wird!
Glaubt an das Gute im Menschen!
Vertraut, auch wenn es kein anderer tut!
Gebt eine Chance, wenn nur irgend möglich!
Achtet auf das Leise und Unscheinbare!
Rechnet mit Gottes Geist!
...
(ergänzen!)

Gebet

Wir beten um Frieden und schließen in unser Gebet besonders ein:
alle, deren Hab und Gut zerstört ist:
alle, die an Leib und Seele verletzt sind:
alle, die Tag und Nacht um ihr Leben bangen müssen:
alle, die in zerstörten Orten oder verwüsteten Gegenden ausharren:

alle Kinder, die während des Krieges geboren werden oder sterben:
die vielen Helfer und ihren oft gefährlichen Einsatz:
die vielen, die Zeichen der Solidarität setzen:
die vielen, die durch ihre Spenden Not lindern:
die vielen, die um ein Ende aller Kriege beten:
die vielen, die trösten und beistehen:
alle, die wegen der vielen Kriege den Glauben verlieren:
alle, die sich für den Frieden einsetzen:
alle, die in Rettungs- und Sanitätsdiensten tätig sind:
alle Geflüchteten und alle, die sie aufnehmen:
alle, die in Kriegen ihr Leben verloren haben:
Gott, komm du allen zu Hilfe, für die wir beten, und gib, dass ihr Einsatz zum Frieden beiträgt – durch Christus, unseren Herrn.

Ich will – Meditation

Ich will ein Bote der Hoffnung sein, Licht bringen in meinen Augen, leidenschaftliche Unruhe in meinen schwachen Händen und die belebende Kraft Gottes in meinen Worten.
Ich will einer sein, der Freiheit sät unter den Menschen, meinen Brüdern und Schwestern – das Reich zu bauen auf dieser Erde, dieser guten.
Ich will den Frieden ansagen mit Füßen, die nicht entweiht sind vom Gold. Ich werde nicht gehen auf den Wegen der Ungerechtigkeit. Ich werde mich nicht abfinden mit der Unterdrückung der Ärmsten. Mein Schweigen wird das geheimnisvolle Schweigen sein, mit dem sich die Niedrigen dieser Erde ernähren.
Ich werde mein Herz nicht verkaufen durch die Lüge, niemals werde ich die Wahrheit stumm machen.
Glücklich der Mensch, der so sein Leben erbaut, denn er wird geschmäht und verfolgt werden von vielen. Aber er wird fest bleiben in seinem Gott, denn sein Gott hat ihn gerufen von jeher.
(aus Brasilien)

Heiliger Gott – Heiliges Leben Impuls

Herr unser Gott, du bist der Heilige und rufst uns alle zu einem Leben in Heiligkeit. Viele Menschen haben nach deinem Willen gelebt. Wir danken dir für ihr Beispiel. Es ist uns Hilfe und Orientierung.

Das Beispiel der Heiligen spricht von deiner Liebe:
Wir loben dich, wir preisen dich:
Das Beispiel der Heiligen zeigt deine Barmherzigkeit:
Das Beispiel der Heiligen ermuntert uns zu vertrauen:
Das Beispiel der Heiligen festigt unseren Glauben:
Das Beispiel der Heiligen stärkt unsere Hoffnung:
Das Beispiel der Heiligen macht Mut:
Das Beispiel der Heiligen schenkt Zuversicht:
Das Beispiel der Heiligen ermutigt zur Versöhnung:
Das Beispiel der Heiligen weist den Weg zum Frieden:

Heiliger Gott, es ist dein Wunsch, unter uns zu wohnen und mit uns zusammen zu sein. Wir schauen auf das Leben aller Frauen und Männer, die sich für den Frieden in unserer zerbrechlichen Welt einsetzen, weil sie an deine Liebe zu uns glauben und diese sichtbar machen wollen. Es sind Menschen aus aller Welt und aus allen Konfessionen, darunter viele, die dich mit ihrem Leben bezeugt haben. *(Hier Beispiele aufzählen: Franz von Assisi, Antonius von Padua, Klaus von der Flüe und Dorothea Wyss, Josaphat Kunzewitsch, Mirjam von Abellin, Sharbel Machluf, Dietrich Bonhoeffer, Johannes XXIII.)* Sie sind ein Zeichen, dass du die Welt nicht aufgibst, sondern durch ihr Beispiel immer wieder zeigst und sagst, was zu einem Miteinander und zum Frieden für alle führt. Wir danken für diese Menschen. Gib, dass wir von ihnen lernen und miteinander wachsen im Glauben, in der Hoffnung und in der Liebe.

Zeichenhandlung

Eine Friedenslichter-Kette bilden. Alle erhalten die vorbereiteten Kerzen und stellen sich zu einer Lichterkette auf. Der Erste zündet seine Kerze *(an der Osterkerze, dem ewigen Licht, einer Altarkerze ...)* an und gibt das Licht weiter. Dazu spricht jeder einen Satz: „Herr, hilf mir eine Stütze zu sein für alle, die einen Halt brauchen." „Hilf mir, mit denen zu gehen, die neu Schritte versuchen." „Hilf mir, ein Licht zu sein für alle, die aus dem Dunkel herausfinden möchten." „Hilf mir, Bote zu sein für alle, die eine froh machende Botschaft brauchen." „Hilf mir, meinen Weg zu einem Weg des Friedens zu machen" ... Wenn alle Lichter brennen, gemeinsam: „Herr, mach mich zu einem Werkzeug deines Friedens!"

Fantasie und Kreativität

Wenn möglich, in die Lichterkette die Darstellungen von Heiligen, die in der Kirche sind, einbeziehen.
Die Friedensandacht in eine „Nacht der tausend Lichter", zu der um Allerheiligen angeregt wird, integrieren.
(www.nachtder1000lichter.at)
Die Lichterkette um ein Kriegerdenkmal, eine Kapelle, einen Bildstock ... bilden

Hanns Sauter

Friede sei mit euch allen!

Der Friedensgedanke in den Eucharistiefeiern des Ostens und des Westens

Die Eucharistiefeier, die Mitte des gottesdienstlichen und damit auch des christlichen Lebens, ist geprägt vom Gedanken des Friedens. Dies gilt für die Feier der Hl. Messe der römischen Kirche, wie auch für die Eucharistiefeier der Ostkirchen, der „göttlichen Liturgie“, die auf die Heiligen Johannes Chrysostomus († 407) und Basilius (379) zurückgeführt wird. Auch die Gottesdienste der Kirchen der Reformation, die sich ja auf die Messfeier der noch einen westlichen Kirche jener Zeit zurückführen, kennen einen Friedensritus.

Zu Beginn der römischen Messfeier wendet sich der Priester der Gemeinde zu und begrüßt sie mit den Worten: „Der Herr sei mit euch“. Dazu breitet er seine Arme aus, als wolle er die Gottesdienstgemeinde umarmen. Das Messbuch kennt zu diesem Eingangsgruß einige Erweiterungsformeln. Mehrheitlich sind sie den paulinischen Briefen entnommen, wie z. B.: „Gnade sei mit euch und Friede von Gott, unserem Vater, und dem Herrn Jesus Christus! (1 Kor 1,3). Ist der Vorsteher der Eucharistiefeier ein Bischof, beginnt er den Gottesdienst mit den Worten: „Der Friede sei mit euch“. Es sind dieselben Worte, mit denen der nachösterliche Jesus seine Jünger begrüßte (Joh 20,19), als sich diese nach Kreuzigung Jesu in einer kläglichen Verfassung befanden und dringend einen Zuspruch brauchten, der ihnen helfen sollte, wieder zu einem inneren und äußeren Frieden zurückzufinden. Friede sei mit euch – diese Worte – als Gruß oder als Wunsch verstanden – machen schon zu Beginn der Eucharistiefeier klar und deutlich, dass Friede im Sinne Jesu mehr ist als das Freisein von Krieg oder Streitigkeiten. Und im Sinne des hebräischen Schalom – Heil in einem umfassenden Sinn – ein Kennzeichen des Reiches Gottes. In diesem Schalom zu leben ist ein Wunsch. Hier vertritt nun die Bibel die Meinung, dass sich die Menschen ein Leben in diesem Schalom verwirkt haben und ihn mit eigenen Kräften auch nicht herstellen können. Er ist Geschenk Gottes. Jesus verheißt und schenkt seinen Jüngern diesen Frieden, doch gilt diese Verheißung allen, die sich an seinem – Jesu – Leben orientieren und sein Wort hören. (Mt 5,9; Joh 14,23) Dies aber trifft auf die zur Eucharistiefeier versammelte Gemeinde zu. Wer auf Jesu Wort hört und es annimmt, ist auf dem Weg zu seinem Frieden, denn es enthält zahlreiche Ratschläge, die zum Gelingen dieses Weges beitragen, wie z. B. Böses nicht mit Bösem zu vergelten oder sich mit dem Bruder zu versöhnen – mit anderen Worten: die Spirale von Hass und Gewalt zu durchbrechen. (Mt 5,1–7,29). Er hat dies selbst vorgelebt und konnte dies, weil er in engster Verbindung zu seinem Vater-Gott lebte und dadurch für alle Frieden gestiftet hat. (Joh 4,34; 6,38; 16,28–33, Kol 1,20). Mit dem Vaterunser formuliert Jesus ein Gebet, in dem er um das Kommen des Reiches Gottes bittet und seinen Jüngern aufträgt, es ebenfalls zu tun. In diesem Gebet ist alles enthalten, was das Kommen dieses Reiches herbeiführt und daher Anliegen der Christen sein muss. Das gemeinsame Gebet des Vaterunsers ist nicht nur in jedem Gottesdienst einer der eindringlichsten Momente, in der Eucharistiefeier wird die enge Verbindung zwischen dem Reich Gottes und dem von allen ersehnten Frieden noch einmal herausgestellt. In dem sich an das Vaterunser anschließende Gebet bittet der Vorsteher nochmals um Gottes Hilfe, damit Friede einkehren sowie durch das endgültige Kommen Jesu „mit seinem Reiche“ (Lk 23,42) immer bleiben kann. Ein darauffolgendes, weiteres Friedensgebet richtet sich an Jesus. Setzt das vorausgehende Gebet mehr den Akzent auf die Bitte um einen allgemeinen Frieden, geht es bei diesem mehr um den Frieden und die Einheit innerhalb der Kirche und der Christen. (Joh 14,27) Der auf dieses Gebet folgende Friedenswunsch entspricht dem Gruß zu

Beginn der Messe und erinnert nochmals daran, dass der Friede Christi anders und mehr ist als jeglicher weltlicher Friede. Er ist ein Geschenk Jesu an seine Gemeinde, damit es ihr gelingt, in der Welt als ein Volk des Friedens zu leben und ein Zeichen dafür zu sein, dass es „auch anders geht!" Die Aufforderung: „Gebt einander ein Zeichen des Friedens und der Versöhnung", das meist in der Form des Händereichens oder einer anderen Geste geschieht, ist Zeichen der Verbundenheit einer Gemeinschaft, die sich im Dienst Jesu weiß. Die Lamm-Gottes-Rufe begleiten das Brechen des konsekrierten Brotes und schließen mit der Bitte um Frieden. Sie fassen nochmals zusammen: Der Friede, um den es hier geht, kommt von Jesus und er kommt dann, wenn sein Vermächtnis ernst genommen und nach seinem Wort gelebt wird. Dieses Vermächtnis Jesu macht sich jeder zu eigen, der vom Brot Christi isst und seinen Kelch teilt. Die Eucharistiefeier endet mit dem Ruf: „Gehet hin in Frieden!" Er kann als Aufforderung verstanden werden, aus dem Frieden des Gottesreiches, von dem sie einen Eindruck vermitteln sollte, weiterzuleben, lässt aber auch an die Worte Jesu zu seinen Jüngern denken, als er sie zu den Menschen sandte: „Wenn ihr in ein Haus kommt, so sagt als Erstes: Friede diesem Haus!" (Lk 10,5). Wie der Friedensgruß zu Beginn der Messe ist auch dieser Ruf erweiterbar in: „Geht und bringt Frieden." Jede Gottesdienstfeier und jedes Gebet ist bedeutungslos, wenn daraus kein neues Miteinander entsteht, das wiederum ein neuer Schritt in Richtung des Reiches Gottes ist, in dem der Friede mehr ist als die Abwesenheit von Krieg, sondern ein Leben in der Fülle Gottes. Die Feier der „göttlichen Liturgie" der Kirchen der byzantinischen Tradition vermittelt eine Ahnung von diesem Reich. Bereits die Eingangsdoxologie: „Gepriesen sei das Reich des Vaters, des Sohnes und des Hl. Geistes ..." sagt klar, dass alle, die zu ihrer Feier zusammengekommen sind, zu diesem Reich gehören und sich in ihm verwirklichen. Der Diakon, der der Wortführer der Gemeinde ist, kann daher mit dem Aufruf beginnen: „Im Frieden lasst uns beten zum Herrn“ und mit dem Gebet der großen Litanei zur Bitte aufrufen, dass sich dieser Friede überall dorthin verbreiten möge, wo er in der Welt durch Not und Gefahren gefährdet ist. Eingeschlossen in das Gebet werden alle, die eine besondere Verantwortung – die kirchlichen und weltlichen Amtsträger – für den Frieden in der Welt haben. In diesen Anliegen kann nie genug gebetet werden. Daher fasst sie der Diakon nochmals in zwei weitere kleine Litaneien, die mit dem Ruf beginnen: „Wieder und wieder lasst uns im Frieden beten zum Herrn ...“ und zwischen den folgenden Hymnen gesungen werden, zusammen. Zu diesen Gesängen zählen auch die Seligpreisungen, die näher beschreiben, welche Einstellungen Frieden bewirken. Die Welt kann ihn zwar nicht geben (Joh 14,27), bewegt sich aber auf ihn zu, wenn sich die Menschen an den Worten Jesu orientieren. Beispiele dafür sind die Heiligen, derer in der Liturgie durch die Troparien, die nun gesungen werden, gedacht wird. Vor der Lesung und vor dem Evangelium wünscht der Priester den Gläubigen Frieden. Er verwendet dazu die Worte, mit denen Jesus nach seiner Auferstehung die Apostel begrüßt hat: „Friede mit euch“. (Joh 20,21) Dieser Gruß Jesu ist in jeden Gottesdienst eingegangen als Segensgruß des Priesters: „Friede sei mit euch allen“ und wird im Laufe der Liturgie mehrmals wiederholt. Wie bei den Aposteln, die sich hinter verschlossenen Türen versammelt haben, ist der auferstandene Jesus unter uns. Er richtet sein Wort, nach dem zu leben Frieden bewirkt, an uns und bestärkt uns in der Absicht, ihm auf seinem Weg zu folgen. Die Bittlitanei, die auf den großen Einzug mit den Opfergaben folgt, thematisiert daher die Anliegen der Gläubigen als die Bitte nach einem Leben im Frieden Christi. Auf die Bittlitanei folgt der Friedenskuss des Priesters. Er küsst zunächst die Gegenstände, die zur Darbringung des Opfers Christi, das Frieden bewirkt hat, benötigt werden: Diskos, Kelch und Altar, dann – wenn anwesend – die Konzelebranten und den Diakon. Dieser nimmt den Friedengruß auf und erweitert ihn um einen Aufruf an alle zur Liebe: Lasst uns einander lieben, damit wir in Eintracht bekennen, den Vater, den Sohn und den Heiligen Geist ..." Ein Leben in Eintracht, Frieden und Liebe ist das Leben derer, die an den dreifaltigen Gott glauben. So folgt auf den Friedensritus das Glaubensbekenntnis. Wenn sich alle zum Gott des Friedens bekannt haben, steht der weiteren Feier nichts mehr im Wege: „Haben wir acht, dass wir das Heilige Opfer in Frieden darbringen." Im Hochgebet, der Anaphora, wird für alle gebetet, die in Staat und Kirche Verantwortung tragen, dass sie ihren Dienst im Sinne des Friedens für alle ausüben: „Wir bringen diesen geistlichen Opferdienst auch dar für die heilige katholische und apostolische Kirche ... für alle, die im Staate Verantwortung tragen: Gewähre ihnen, Herr, Frieden, damit auch wir ein friedliches Leben führen können ..." Den Abschluss der Liturgie leitet der Priester mit den Worten ein: „Gehen wir in Frieden!" und spricht darauf das Entlassungsgebet: „Gib Frieden deiner Welt, deinen Kirchen, deinen Priestern, denen, die Verantwortung tragen in diesem Lande und in deinem ganzen Volke. Denn jede vollkommene Gabe und jedes vollkommene Geschenk kommt von oben und steigt herab von dir, dem Vater der Lichter, und zu dir senden wir empor Verherrlichung, Dank und Anbetung ..." Alle, die die Liturgie gefeiert und dadurch den Frieden, den nur Gott geben kann, verspürt haben, werden gesendet, wie Jesus die Apostel gesendet hat. (Joh 20,21) Sie haben, wie der Abschlussgesang besagt, das wahre Licht gesehen, den Geist vom Himmel empfangen, zum Glauben gefunden, Gottes Frieden verspürt. Nun sollen sie ihn weitertragen. Der heilige Serafim von Sarow (1759–1833) sagt in diesem Sinne einmal: „Sei im Frieden mit dir selbst und um dich herum werden Tausende gerettet."

Hanns Sauter

Sag mir, wo die (Friedens-)Blumen sind

Friedensfeier mit Kindern

Lied zum Einzug

Einleitende Worte

„Sag mir, wo die (Friedens) Blumen sind.“ (*Falls erlaubt, das Lied kurz erklingen lassen durch CD, MP3 oder Orgel*). Sicher kennen Sie dieses Lied und haben sofort die Melodie im Ohr. Doch haben Sie gewusst, dass dieses Lied sowohl ukrainische als auch russische Wurzeln hat? Damit bekommt dieses Anti-Kriegs-Lied im aktuellen Kriegsgeschehen in der Ukraine und in Russland eine tiefere Bedeutung. Können Blumen ein Beitrag zum Frieden sein? Ich weiß es nicht. Doch ich hoffe, dass die Blumen mithelfen, zu einer friedlicheren Welt zu finden. Lassen wir heute Blumen wachsen, singen, beten, sprechen.

Gebet

Heute wollen wir zu Gott beten: durch die Blume.
Ohne dabei „blumig“ zu werden.
Guter Gott,
wir alle sehnen uns nach Frieden.
Wir suchen den Frieden überall.
Heute wollen wir Gedanken des Friedens
in der Welt der Blumen suchen.
Geh mit uns über die Blumenwiese
unseres Lebens. Stärke uns
auf dem Weg des Friedens.

Darum bitten wir durch
Jesus Christus, deinem Sohn. Amen.

Blumen für den Frieden

Jetzt rufen wir die Blumen und lassen uns von ihnen mit friedlichen Worten beschenken.

Anstatt echter Blumen können es auch Poster oder große Tafeln mit einer Blumenabbildung sein. Es können auch weniger Blumen im Gottesdienst genannt werden.

Kind kommt mit Gänseblümchen im Topf aus Sakristei. Es sagt:

Ich heiße Gänseblümchen. Mich findest du auf Wiesen oder an Stellen, wo du gar nicht vermutest, dass hier etwas wachsen kann. Klein bin ich, unscheinbar und dennoch kraftvoll, um auch dort wachsen zu können, wo der Ort karg ist und ein raues Klima herrscht. Mit dem Frieden ist es manchmal ähnlich. Unscheinbar, doch mit viel innerer Kraft sucht er sich seinen Platz und seinen Weg in unserer Welt.

Zwischen den Blumenarten jeweils die Melodie „Sag mir wo die Blumen sind" anstimmen.

Kind kommt mit Rose im Topf aus Sakristei. Es sagt:

Wer bin ich? Kannst du mich erkennen? *(Kinder raten: Rose)* Richtig, ich bin ein Rosenstock. Schau nur, wie schön meine Blüten duften. Wer mag daran riechen? Meine Blüten und Knospen sind eine tolle Schönheit. Auch der Frieden ist schön – für Menschen, für Tiere, für Pflanzen, für alles, was atmet und lebt. Ihr wisst: Ich habe auch Dornen. Manche pieksen, manche Dornen stechen und tun weh. Dennoch haben mich die meisten Menschen gerne. Mit dem Frieden ist es ähnlich. Auf dem Weg zum Frieden begegnen uns auch schmerzhafte, dornenreiche Zeiten. Die gilt es auszuhalten und sie vorsichtig zu behandeln.

Kind kommt mit Passionsblume im Topf aus Sakristei. Es sagt:

Kannst du mich sehen? Ich wachse im Warmen. In unserer Region meist in den Wohnungen als Zimmerpflanze. Kennst du meinen Namen? *(Kinder raten)* Schau dir meine Blüten an. Sie ähneln den Leidenswerkzeugen Jesu. Zu sehen sind die Nägel, die Hämmer und vieles andere mehr, was die Römer damals brauchten, um Jesus zu kreuzigen. Deshalb nennen mich die Menschen Passionsblume, d. h. Leidensblume. Ich erinnere daran, dass auf dem Weg zum Frieden oft auch Leid und Not zu sehen und zu spüren ist. Dennoch lohnt es sich, weiterhin für den Frieden da zu sein.

Kind kommt mit Vergissmeinnicht im Topf aus Sakristei. Es sagt:

Mich dürft ihr nicht vergessen. Denn ich bin ein Vergissmeinnicht. Ich trage viele Blüten der Friedenshoffnung. Ich will, dass auch in schweren Kriegszeiten die Hoffnung nicht vergessen wird. Dafür setze ich mich ein und werde auch gerne eingesetzt in Töpfen oder Balkonkästen. Wer hat mich schon einmal gesehen? *(Kinder melden sich)* Ich blühe auch für alle Konflikte und Kriege, die heutzutage vergessen werden oder wurden. Solange es Streit und Krieg gibt, blühe ich und werde nicht müde daran zu erinnern, dass das Leben so schön sein kann, wenn die Menschen vergessen würden, wie man Krieg führt. Wie schön wäre es, wenn unseren Kindern beim Wort „Krieg“ nichts mehr einfällt

Kind kommt mit Christrose im Topf aus Sakristei. Es sagt:

Ich trage einen heiligen Namen. Meist blühe ich dann, wenn fast gar nichts mehr in der Natur blüht. Mir reicht ein leicht schattiges Plätzchen. Rate, wer ich bin. *(Kinder: Christrose)* Richtig, ich bin eine Christrose. Ich habe diesen besonderen Namen erhalten, weil ich im Winter, in der Advents- und Weihnachtszeit blühe. Nach der Überlieferung wurde Jesus als Kind in einem Stall geboren. Das hat niemand vermutet. Auch der Friede kommt manchmal da, wo wir ihn gar nicht vermuten. Das macht vielen Menschen Hoffnung oder sie glauben sogar daran, dass ein Wunder geschieht: ein Friedenswunder.

Kind kommt mit Tulpenzwiebel aus Sakristei. Es sagt:

Schaut her, ich habe weder Blüte noch grüne Blätter. Noch nicht. Das ändert sich, wenn ihr mich in die Erde steckt. Ich wachse nämlich zuerst im Dunkeln. Der Friede ist auch oft im Dunkeln versteckt und braucht eine Weile, um in voller Blütenpracht dazustehen. Welche Blume könnte ich sein? Richtig, eine Tulpe. Als Tulpe bitte ich dich, gelassen und geduldig zu sein. Ich wachse nicht über Nacht. Auch der Friede wächst meist langsam und braucht viel Geduld. Gib nicht auf. Setze dich für den Frieden ein. Es lohnt sich. Denn Friede macht glücklich und zufrieden.

Aktion: Give-Away

Beim Schlusslied werden Tulpenzwiebeln ausgeteilt. Nimm dir eine mit, stecke sie in die Erde (Pflanzzeit ist August bis Dezember) und so, wie sie nach einiger Zeit wächst, so möge der Friede auch unter uns Menschen wachsen.

Aktion: Blumenschmuck

Alle Blumenpflanzen werden um den Altar gestellt oder in der Mitte eines Stuhlkreises.

Aktion nach der Feier

Örtliches Blumengeschäft fragen, ob sie ein Schaufenster mit den Friedensblumen dekorieren. Dazu ein erklärendes Schild oder/und eine Friedenstaube (Bastelanleitung aus Internet) aus Tonkarton dazugestellt.

Passende Bibelstelle: Jesaja 40,7

Der Prophet Jesaja spricht: „Das Heu verdorrt, die Blume verwelkt, aber das Wort unseres Gottes bleibt auf ewig.

Impuls

Egal was passiert, Gott bleibt, auch in Zeiten von Krieg und Frieden. Was bleibt uns übrig? Glaube, Hoffnung, Liebe.

Fürbitten

Wenn Blumen beten könnten, was und für was würden sie beten? Ein paar Bet-Versuche. Eine Blume betet.
Guter Gott, ich bin nur eine einfache Blume und möchte für die Menschen beten, die sich für den Frieden einsetzen. Schenke ihnen Kraft und Mut.
Alle: Wir bitten dich, erhöre uns.
Guter Gott, viele Menschen werden durch die Kriege krank, verletzt oder sogar getötet. Schenke ihnen Kraft und Mut.
Alle: Wir bitten dich ...
Guter Gott, viele Menschen beten für den Frieden und hoffen, dass er überall zu wachsen beginnt. Schenke ihnen Kraft und Mut.
Alle: Wir bitten dich ...
Guter Gott, viele Menschen verdienen an den Kriegen. Das darf nicht sein. Wir brauchen Menschen, die das verhindern. Schenke ihnen Kraft und Mut.
Alle: Wir bitten dich ...
Guter Gott, immer wieder gelingt es, Kriege zu verhindern oder Kriege in Frieden zu verwandeln. Wir brauchen Menschen, die sich mit Leib und Seele dafür einsetzen, dass der Duft des Friedens allen Menschen in die Nase steigt. Schenke den Arbeitern für den Frieden Kraft und Mut.
Alle: Wir bitten dich ...
Guter Gott, vor lauter schlechten Nachrichten verlieren wir oft den Überblick oder vergessen das Gute, das Aufblühende zwischen den Menschen. Zwischen dir und mir. Schenke uns Kraft und Mut.
Alle: Wir bitten dich ...

Heiliger Gott, wir möchten dir am liebsten einen großen Blumenstrauß überreichen für all dein verstecktes und offenes Gutsein. Wir danken dir für jeden kleinen Schritt über die Blumenwiese des Friedens.

Loblitanei

abwechselnd beten
A: Lasst uns den Frieden loben.
B: Lasst uns von ihm träumen und lasst ihn Wirklichkeit werden.
A: Lasst uns den Frieden wie Blumen teilen und verteilen.
B: Lasst uns eine Blume in das Panzerrohr stecken.
A: Lasst uns eine Blume in das Gewehr des Soldaten schieben.
B: Lasst uns eine Blume zu allen Knöpfen legen.
A: Lasst uns eine Blume auf unsere Träume legen.
B: Lasst uns und lass uns nie davon abweichen.

Schlussgebet

Heiliger Gott,
sag mir, wo die Blumen sind.
Zeige mir den Frieden – und sei er
nur so klein wie der Blumensamen.
Nimm unsere bescheidenen Gebete
und wandle sie in Friedenskraft.
Das wäre dufte, das wäre ein Blumenfest.
Geh mit uns, dort wo die Blumen blühen,
auch dort, wo sich kein Gänseblümchen hinwagt.
Lass uns aus dieser Feier hinausgehen –
mit viel Segen für den Alltag.
Darum bitten wir durch Jesus Christus,
deinen Sohn und unseren Friedensfreund.

Spruchkarte

kann als Spruchkarte gestaltet werden oder auf das Werbe- und Einladungsplakat geschrieben werden.

Blumen-Spruch zum Frieden

Lass mich blühen,
in eine Welt
voll Frieden ziehen.

Lass mich leben,
in dieser Welt
den Frieden geben.

Gotteslob-Lieder für die Friedensfeier

Wichtiger Hinweis: *Je nach Bistumsausgabe kann es sein, dass manche Lieder ab der Nr. 700 nicht in jeder Bistumsausgabe drinstehen oder an einer anderen Stelle zu finden wären. Bitte im Liederverzeichnis nachschauen.*

812 „Ins Wasser fällt ein Stein"
813 „Kleines Senfkorn"
828 „Unfriede herrscht auf der Erde"
481 „Sonne der Gerechtigkeit"
430 „Von guten Mächten"
446 „Lass uns in deinem Namen, Herr"

Zur Gestaltung

Foto für Plakate, Werbezettel, Pfarrbrief, Meditation, Impulskarte zum Austeilen usw. ...
Foto: Annabell Gsödl/AdobeStock
Das Foto in Farbe und hoher Auflösung finden Sie in den Downloadmaterialien zu diesem Buch.

Bildmeditation

Ich sehe Eisendraht.
Von Menschen erschaffen.
Von Menschen genutzt.
Von Menschen eingezäunt.
Von Menschen eingesperrt.

Ich sehe roten Mohn.
Vom Wind ausgesät.
Vom Regen gekeimt.
Im Sommer gewachsen.

Er kommt durch den Zaun.
Er leuchtet durch den Draht.
Rotgrüner Frieden auf der Wiese.
Der Frieden kommt durch.
Mal in Rot, mal in Grün.
Friede, sei auf Draht
Und gehe in Frieden.

Peter Schott

Friede, Freude, Friedenspizza

Friedensaktion mit Pizzabacken

Eingangslied

Begrüßung/Hinführung

Frieden ist ein Zauberwort. Denn Frieden können wir mit vielen Worten vergleichen. Fällt dir ein Wort ein? Was fällt dir nur ein? *(Gemeinde nennt einige Worte)*
Heute wollen wir den Frieden mit einer Pizza vergleichen. Wer kennt eine Pizza? *(melden)*
Wer kennt den Frieden? *(einige)* Pizza ist leicht zu backen. Den Frieden bekommen wir nicht so leicht gebacken. Deshalb wollen wir heute beides wagen: Pizza und Frieden. Lasst uns eine Friedenspizza zubereiten.

Für Pizza und Frieden – Impuls

Wir brauchen verschiedene mögliche Zutaten für den Pizzateig; zur Auswahl stehen:
Getreide, aus vielen Körnern gemahlen zu Mehl, aus vielen Körnern wird zur Teigware des Friedens.
Butter, damit beim Frieden alles in Butter ist.
Salz, welches darauf achtet, dass der Friede nicht durch Kriege versalzen wird.
Zucker, der uns den Frieden versüßen will.
Frische Hefe, damit der Frieden aufgeht.
Milch, die den Frieden fließen lässt.
Olivenöl, damit der Frieden runtergeht wie Öl.

Pizzagewürze (z. B. Oregano, Basilikum), damit der Frieden die richtige Würze erhält und behält.
Dann mischen wir alles gut durch und lassen den Frieden „gehen" – dorthin, wo Menschen ihn herbeisehnen.
Wenn er lange genug gegangen ist, wird er rund oder rechteckig ausgerollt und mit friedlichen Essens-Zutaten belegt:
Belege die Friedenspizza mit Salami-Scheiben. Frieden ist haltbar. Wenn man ihn gut lagert.
Belege die Friedenspizza mit Pilzen. Frieden kann giftig oder bekömmlich sein.
Belege die Friedenspizza mit gepresstem Knoblauch. Frieden stinkt manchmal zum Himmel, wenn er ein fauler Friede ist.
Belege die Friedenspizza mit geräuchertem Schinken. Frieden verzieht sich manchmal in Schall und Rauch.
Belege die Friedenspizza mit Peperoni. Frieden ist manchmal eine scharfe Sache.
Belege die Friedenspizza mit Tomatensoße. Frieden wird manchmal in einer Harmonie-Soße ertränkt
Belege die Friedenspizza mit Käse, auch in den Zwischenräumen. Frieden ist wie ein Käse, der gelagert werden muss.

Tischgebete

Tischgebet 1: Zum Dank dafür

Herr, wir sitzen um den Tisch,
wollen gemeinsam essen.
Wir haben genug
zu essen und zu trinken.
Wir werden täglich satt.
Dafür danken wir dir.

Tisch-Gebet 2: Tischrunde
Guter Gott,
in der Mitte des Tages
nehmen wir Platz am Tisch.
Wir wollen reinen Tisch machen.
Wir wollen auch mal
auf den Tisch hauen.
Wir wollen nicht nur das essen,
was uns aufgetischt wurde.
Sei du unser „Mitesser“,
der mit uns Brot und Wein teilt.
Darum bitten wir durch Jesus Christus,
unseren Freund und Bruder.

Lass uns „uns“ sein
Lass uns „uns“ sein:
Lass uns den Krieg satthaben.
Lass uns den Streit verdursten.
Alle: Lass uns „uns“ sein.

Lass uns „uns“ sein:
Lass uns den Frieden trinken.
Lass uns den Hass ausspucken.
Alle: Lass uns „uns“ sein:

Lass uns „uns“ sein:
Lass uns den Frieden genießen.
Lass uns die Versöhnung schlucken.
Alle: Lass uns „uns“ sein:

Lass uns „uns“ sein:
Lass uns die Zuversicht kauen.
Lass uns das Glück bedenken.
Alle: Lass uns „uns“ sein.

Magen gefüllt – Litanei

Wir wissen: „Liebe geht durch den Magen.“
V: Aber auch:
V: Freundschaft A: geht durch den Magen.
V: Partnerschaft A: geht durch den Magen.
V: Frieden A: geht durch den Magen.

V: Es geht noch weiter: „Hass schlägt auf den Magen.“
V: Aber auch:
V: Wut A: schlägt auf den Magen.
V: Trauer A: schlägt auf den Magen.
V: Krieg A: schlägt auf den Magen.
V: Tod A: schlägt auf den Magen.
V: Lüge A: schlägt auf den Magen.
V: Achten wir darauf, mit welchen Dingen, mit welchen Gefühlen, mit welchen Erfahrungen wir unseren Magen füllen– oder auch nicht füllen. Bedenken wir außerdem: „Hab Sonne im Herzen – und Frieden auch.“

Aktionen

Aktion 1: Friedensservietten basteln
Auf einfarbigen (z. B. weißen oder blauen) Papierservietten Friedenstauben malen und als Tischdeko verwenden. Servietten können direkt nach der Andacht oder bei einem gemeinsamen Essen nach der Andacht verteilt werden.

Aktion 2: Friedenseintopf nach der Andacht anbieten
Mit Gemüse, Kräutern und Gewürzen. Erlös für ein soziales Projekt wie z. B. die Tafel (von dort können die Zutaten bezogen werden). Bioladen, Biobauernhof ...

Liederauswahl:

GL: 365 „Meine Hoffnung und meine Freude"
GL_464 „Gott liebt diese Welt"
GL: 472 „Manchmal feiern wir"
GL: 803 „Hände, die schenken"
GL: 812 „Ins Wasser fällt ein Stein"

Krieg und Frieden – durch die Tiere gesprochen

Tiere führen keine Kriege. Woran liegt das? Tiere sprechen auch nicht wie die Menschen. Wie hört sich das an, wenn wir durch die Tiere sprechen: *(eine Person sagt „Krieg/Frieden", die andere Person sagt den Rest des Satzes) Zwischendurch kann eine Klangschale für Nachdenklichkeit sorgen.*

Tierischer Krieg
Schnecke: „Krieg – Ich mache dich zur Schnecke!"
Wurm: „Krieg – da ist der Wurm drin!"
Kuh: „Krieg – der geht auf keine Kuhhaut!"

Hund: „Krieg – du bist auf den Hund gekommen!"
Hund: „Krieg – du fletschst die Zähne!"
Hund: „Krieg – da liegt der Hund begraben!"
Katze: „Krieg – der ist für die Katz!"
Huhn: „Krieg – mit dir habe ich ein Hühnchen zu rupfen!"
Bär: „Krieg – wer hat dir einen Bären aufgebunden?"
Wolf: „Krieg – du bist der Wolf im Schafspelz!"

Fliege: „Krieg – mach endlich die Fliege!"
Vogel: „Krieg – du hast einen Vogel!"

Tierischer Frieden
Pferd: „Frieden – mit dir kann ich Pferde stehlen!"
Schwein: „Frieden – da habe ich Schwein gehabt!"
Schaf: „Frieden – mit dir kann ich meine Schäfchen ins Trockene bringen!"
Hahn: „Frieden – sei du der Hahn im Korb!"
Fisch: „Frieden – du bist lebendig wie ein Fisch im Wasser!"
Tiere führen keine Kriege. Der Mensch ist mitunter ein Tier, auch ein Gewohnheitstier. Aber taugt er auch zur Friedenstaube?
Wie wäre es, wenn uns die Taube zum Frieden beflügelte?

Backstube Bibel – Friedensrezepte

Es gibt 11 Stellen in der Bibel, bei denen der Begriff „Teig" steht. Zwei Stellen hören wir uns jetzt an:
Galater 5,9: „Ein bisschen Sauerteig durchsäuert den ganzen Tag."
Für uns übersetzt: „Ein bisschen Frieden durchdringt den ganzen Tag."
Überlege dir: Wer oder was durchdringt deinen Tag, deinen Alltag?
Stille zum Nachwirken.
Wer oder was durchdringt dein ganzes Leben?
Stille zum Nachdenken.
Johannes 9,6: Jesus spie auf die Erde und machte einen Teig mit dem Speichel und strich ihm den Teig auf die Augen. Da konnte er sehen.
Überlege dir:
Hier ist von einem ganz anderen Teig die Rede. Für uns zuerst einmal befremdlich. Vielleicht sogar etwas ekelig. Doch der Speichel verändert das Leben des Blinden zum Guten.

Manchmal müssen wir mit ungewöhnlichen Aktionen den Frieden einladen – mit Geduld und Spucke. Fällt dir ein Beispiel ein?
Stille zum Nachwirken.
Wie überwinde ich manchmal meinen Ekel und lasse etwas Neues zu?
Stille zum Nachdenken.

Friedliche Tischmanieren

Die Sprichwörter über das Essen sagen viel über den Frieden. Setzen wir uns gedanklich mit an den Tisch und hören wir die Tischgespräche:
Dazwischen Alle: Darum bitten wir dich friedlich.
Lass uns gegenseitig das Wasser des Friedens reichen.
Alle: Darum bitten wir dich friedlich.
Lass uns immer wieder reinen Friedenswein einschenken.
Alle: Darum bitten wir dich friedlich.
Lass uns das Brot schneiden, ohne dass wir in den Frieden schneiden.
Alle: Darum bitten wir dich friedlich.
Lass uns, wenn es an der Zeit ist, den Löffel beim Frieden abgeben.
Alle: Darum bitten wir dich friedlich.
Lass uns die Kraft finden, um die Suppe mit dem Friedensschöpfer auslöffeln.
Alle: Darum bitten wir dich friedlich.
Lass uns die Suppe auslöffeln, damit Platz für den Frieden wird.
Alle: Darum bitten wir dich friedlich.
Lass uns über den Tellerrand gucken, um dort den Frieden anmarschieren zu sehen.
Alle: Darum bitten wir dich friedlich.
Lass uns immer wieder die Schokoladenseite des Friedens sehen.
Alle: Darum bitten wir dich friedlich.

Friedens-Speisekarte

V: Heiliger Gott, du willst,
dass wir das Leben in Fülle haben.
Lass uns ein Friedens-Menü zusammenstellen.
V: Heiliger Gott, schenke uns als Vorspeise das Vertrauen.
A: Damit wir das Leben in Fülle schmecken.
V: Heiliger Gott, schenke uns als Aperitif ein Glas voll Hoffnung.
A: Damit wir das Leben in Fülle schmecken.
V: Heiliger Gott, tische uns als ersten Gang den Glauben auf.
A: Damit wir das Leben in Fülle schmecken.
V: Heiliger Gott, schenke uns als Hauptgang die Liebe in all ihren Formen.
A: Damit wir das Leben in Fülle schmecken.
V: Heiliger Gott, schenke uns als Nachspeise den guten Willen.
A: Damit wir das Leben in Fülle schmecken.
Heiliger Gott, noch vieles könnte in der Friedens-Menükarte stehen.
Lass uns auf den Geschmack des Friedens kommen und lass uns
in Frieden leben. Gestern, heute und morgen. Amen.
Wünschen wir uns täglich einen guten Appetit auf den Frieden.
Wünschen wir dies uns durch Umarmen, Handschlag, Anlächeln ...

Überall und immer – Hunger nach Frieden

V: Ob in Europa, Asien, Afrika, Amerika, Australien:
Alle: Überall hungern die Menschen nach Frieden.
Ob gestern, heute oder morgen:
Alle: Überall hungern die Menschen nach Frieden.
Ob schwarz, weiß, gelb oder sonst eine Farbe:
Alle: Überall hungern die Menschen nach Frieden.
Ob in der Stadt oder auf dem Land:
Alle: Überall hungern die Menschen nach Frieden.
Ob sie an einen Gott glauben oder auch nicht:
Alle: Überall hungern die Menschen nach Frieden.

Spruch als Kopiervorlage für Einladung oder als Spruchkarte zum Mitgeben:
Krieg liegt uns schwer im Magen.
Frieden geht durch den Magen.
Möge die Liebe mit dem Frieden siegen.

Foto: Vladimir Gerasimov/AdobeStock
Das Foto in Farbe und hoher Auflösung finden Sie in den Downloadmaterialien zu diesem Buch.

Peter Schott

Frieden fängt bei mir an – Frieden schließen mit mir selbst

Friedensfeier in der Gemeinde

Einführung und Begrüßung

Liebe Gemeinde! Herzlich willkommen zu unserer Friedens-Feier. Schön, dass Sie da sind. Die Ukraine, Äthiopien, Nigeria, Mali, Afghanistan ... *(Weitere Länder aufzählen, in denen Krieg geführt wird)*. Was haben diese Länder gemeinsam? In diesen Ländern herrscht Krieg. Panzer fahren durch die Städte, Soldaten schießen auf Zivilisten, Bomben fallen auf Wohnhäuser. Das ist unfassbar und entsetzlich! Wir sehen die Bilder im Fernsehen und sind schockiert.
Was wir nicht sehen, ist der innere Krieg, den wir manchmal gegen uns selbst führen. Was ich damit meine? Das wollen wir in dieser Feier entdecken.

Frieden mit unserem Körper

Mögen Sie sich? Mögen Sie Ihr Äußeres, Ihre Schönheit? Oder sehen Sie sich mehr als ein hässliches Entlein? Haben Sie immer wieder etwas an Ihnen selbst auszusetzen? Zu klein oder zu groß? Die Nase zu dick oder zu dünn? Zu viel Falten im Gesicht. Haare werden langsam grau. *(mit weiteren Beispielen ergänzen)*

Gebet

Guter Gott, du hast uns nach deinem Antlitz erschaffen. Doch wir sind nicht immer mit unserem Äußerem zufrieden. Hilf uns, unseren Körper so anzunehmen wie er ist.

Jeweils alle: Stärke sie mit Selbstliebe, du Gott der Menschen.
V: Für Menschen, die sich in der Pubertät besonders kritisch sehen.
Alle: Stärke sie ...
V: Für Menschen, die durch einen Unfall entstellt sind.
Alle: Stärke sie ...
V: Für Menschen, die sich Schönheitsoperationen unterziehen.
Alle: Stärke sie ...
V: Für Menschen, die behindert sind.
Alle: Stärke sie ...
V: Für Menschen, die sich nicht im Spiegel anschauen können.
Alle: Stärke sie ...
V: Für Menschen, die durch Krieg und Gewalt verletzt worden sind.
Alle: Stärke sie ...
V: Für Menschen, die sich übermäßig mit Kosmetik versorgen.
Alle: Stärke sie ...
V: Für Menschen, die unter körperlichen Beschwerden leiden.
Alle: Stärke sie ...
V: Für Menschen, deren Körper durch Behandlungen und Krankheiten geschwächt wurde.
Alle: Stärke sie ...
V: Für Menschen, die ihren nackten Körper verkaufen.
Alle: Stärke sie ...
V: Für Menschen, die sich wegen ihres Aussehens schämen und zurückziehen.
Alle: Stärke sie ...
V: Für Menschen, die für Kosmetikprodukte Tierversuche machen.
Alle: Stärke sie ...
V: Für Menschen, die ihren Körper mit Drogen ruinieren.
Alle: Stärke sie ...
Guter Gott, manchmal möchten wir am liebsten aus unserer Haut fahren und in eine schönere, jüngere, faltenfreie, hübsche Haut schlüpfen. Zeige uns Wege, wie wir uns selbst annehmen können.

Darum bitten wir durch Jesus Christus, unseren Freund, über dessen Äußeres wenig in der Bibel steht.

Bibelstelle und Auslegung

Jesus sagt zu uns Menschen: „Liebe deinen Nächsten wie dich selbst!“ (Mk 12,31)
Was heißt das für uns? Bevor ich meinen Nächsten lieben kann, kommt es darauf an, mich selbst zu lieben – mit Haut und Haar, mit Herz und Verstand, mit Wunden und Narben, mit Über- und Untergewicht, mit Speckgürtel und Bierbauch, ohne Wenn und Aber, mit Krankheiten und Beschwerden.

Nächsten-Litanei

Sich selbst zu lieben ist nicht leicht. Den Nächsten zu lieben ist auch nicht leicht. Bitten wir im Gebet um Kraft, unseren Nächsten zu lieben wie uns selbst.
V: Auch wenn mein Nächster nervt.
A: Liebe deinen Nächsten wie dich selbst.
V: Auch wenn mein Nächster mir fremd ist.
A: Liebe deinen Nächsten wie dich selbst.
V: Auch wenn mein Nächster einen ganz anderen Charakter hat.
A: Liebe deinen Nächsten wie dich selbst.
V: Auch wenn mein Nächster eine andere Meinung hat.
A: Liebe deinen Nächsten wie dich selbst.
V: Auch wenn mein Nächster einen anderen Glauben lebt.
A: Liebe deinen Nächsten wie dich selbst.
V: Auch wenn mein Nächster in einem anderen Land aufgewachsen ist.
A: Liebe deinen Nächsten wie dich selbst.
V: Auch wenn ich meinen Nächsten nicht verstehe.
A: Liebe deinen Nächsten wie dich selbst.

Frieden mit unserer Seele

Der äußere Friede ist für uns Menschen sehr wichtig: Wir wünschen uns, dass Waffen schweigen. Panzer rosten, Soldaten den Kriegsfall nur proben. Keiner muss Angst haben. Genauso wichtig ist für uns Menschen der innere Friede: in unserem Herzen, in unserer Seele, in unseren Gedanken.
Für ihn und für unsere innere Ruhe beten wir jetzt:
V: Wenn unser Leben chaotisch ist ...
A: ... zeige uns stille Augenblicke, auch im Herzen.
V: Wenn alles anders wird als gedacht und gewünscht ...
A: ... zeige uns stille Augenblicke, auch im Herzen.
V: Wenn etwas danebengeht und Fehler passieren ...
A: ... zeige uns stille Augenblicke, auch im Herzen.
V: Wenn wir eine innere Unruhe in uns spüren ...
A: ... zeige uns stille Augenblicke, auch im Herzen.
V: Wenn uns Schuldgefühle und Ängste plagen ...
A: ... zeige uns stille Augenblicke, auch im Herzen.
V: Wenn wir von Grübeleien und Gedanken verfolgt werden ...
A: ... zeige uns stille Augenblicke, auch im Herzen.
V: Wenn wir mit unserer Vergangenheit hadern ...
A: ... zeige uns stille Augenblicke, auch im Herzen.
V: Wenn uns unsere Gewohnheiten und Eigenarten stören ...
A: ... zeige uns stille Augenblicke, auch im Herzen.

Fürbitte

Heiliger Gott,
Frieden fängt bei mir an. Doch manchmal bin ich selbst mein schlimmster Feind. Dann schade ich mir selbst. Darunter leide ich. Das macht mich traurig. Gib mir dann die Kraft, wieder neu zu beginnen, neu den Frieden zu suchen. Du bist doch ein Gott des

Friedens. Führe uns immer wieder vom dunklen Unfrieden in den hellen Frieden.

Ritual für Friedensgruß

Normalerweise wünschen wir unseren Banknachbarn den Frieden. Heute wollen wir uns zuerst persönlich den Frieden wünschen und dann den Banknachbarn.
Wir legen die rechte Hand auf die Herzgegend und die linke Hand legt sich darüber. Dabei schließen wir die Augen und atmen bewusst ein und aus.

Ritual für Selbstliebe

Ich stehe mit beiden Beinen fest auf dem Boden. Meine Arme umarmen mich selbst, Hände über Kreuz an Körper drücken, mich spüren.

Friedensgebet Langstreckenflug

Alle: Herr, lass jedes unserer Gebete eine Friedenstaube sein.
V: Lass sie in unseren Herzen starten und dort hinfliegen, wo Frieden am nötigsten gebraucht wird.
Alle: Herr ...
V: Lass sie dort in den Herzen landen, damit Hass, Rache und alles Kriegerische weichen.
Alle: Herr ...
V: Lass sie dort leuchten, aufleuchten, Frieden leuchten.
Alle: Herr ...
V: Lass uns Friedenstauben sein. Zum Segen der Welt.
Alle: Herr ...

Vaterunser

Frieden zeigt sich auch im Gebet. Wenn Menschen zusammen beten, entsteht Friede, nicht für immer, aber für eine Weile. Deshalb kommen der Wunsch und die Sehnsucht nach Frieden in vielen Gebeten vor. Manchmal ausgesprochen, dann wieder zwischen den Zeilen.

Das Vaterunser ist so ein Gebet. Beten wir es heute für den Frieden. Den Frieden bei den Nächsten um uns herum und den Frieden in unserem Herzen. Gib Frieden deinen Nächsten wie dich selbst.

Gegrüßet seist du

Maria, die Mutter Gottes, war auch eine Frau des Friedens. Bei der Hochzeit zu Kana spürte sie die langsam einströmende Unruhe, weil der Wein mitten im Feiern ausgegangen ist. Bevor die Katastrophe richtig gemerkt wurde, hat sie schon einen Lösungsweg zu Jesus gelegt.

Beten wir gemeinsam ein „Gegrüßet seist du, Maria“

Liedauswahl

GL 831 „Verleih uns Frieden gnädiglich“
GL 457 „Suchen und fragen“
GL 807 „Vertraut den neuen Wegen“
GL 827 „Herr, gib uns deinen Frieden“
GL 801 „Von guten Mächten“

Schlussgedanken und Segen

Bald ist unsere Friedensfeier zu Ende.
Doch das Suchen und Finden,
das Weinen und Lachen,
das Probieren und Scheitern,
das Hoffen und Sehnen
geht weiter mit dir, du Friedensgott.
Begleite uns und gib uns das, was dem Frieden dient.
Spruch als Kopiervorlage für Einladung, als Spruchkarte am Schluss der Feier, als Friedenszeichen zum Weiterverschenken.

Gebete aussenden wie Tauben

Herr, lass jedes unserer Gebete eine Friedenstaube sein.
Jetzt, wo Bomben und Raketen sprechen,
darf es dem Frieden nicht die Sprache verschlagen.

Jetzt erst recht braucht die Welt
unsere Stimmen, unser Gebet,
unseren Schrei nach Gerechtigkeit und Frieden.
Jetzt erst recht.

Dazu segne Gott unseren inneren Schatz
und unser äußerliches Wesen.

Foto: Peter Schott
Das Foto in Farbe und hoher Auflösung finden Sie in den Downloadmaterialien zu diesem Buch.

Peter Schott

Prima Klima für den Frieden?

Friedensfeier für die Schöpfung

Begrüßung und Hinführung

Herzlich willkommen zu unserer Friedens-Feier. Wie immer beten wir um den Frieden in der Welt und gegen alle Arten von Krieg. Meist denken wir dabei an kämpfende Menschen gegen Menschen, kämpfende Länder gegen Länder. Doch es gibt auf der Erde noch ganz andere Kriege und Kämpfe: (Hat jemand eine Idee?)
Da ist der Kampf gegen die Natur, der mörderische Raubbau der Rohstoffe, das dramatische Artensterben, der Klimawandel, die Verschmutzung der Erde, die Ausbeutung der Menschen *(kann mit eigenen Beispielen ergänzt werden)*.

Wechselgebet: Verdrehte Erde

A: Die Erde dreht sich
um den Frieden.
B: Doch die Kriege
lassen die Erde
scheinbar durchdrehen.
A: Die Erde dreht sich
um den Frieden.
B: Doch die Streitherde
lassen die Erde
scheinbar durchdrehen.
A: Die Erde dreht sich
um den Frieden.

B: Doch die Bombendrohungen
lassen die Erde
scheinbar durchdrehen.
A: Die Erde dreht sich
um den Frieden.
B: Doch die Panzer
lassen die Erde
scheinbar durchdrehen.
A: Die Erde dreht sich
um den Frieden.
B: Doch die Bagger rauben
das Innerste der Erde aus.
A: Die Erde dreht sich
um den Frieden.
B: Doch die Arten
sterben aus und
verlassen die Erde.
A: Die Erde dreht sich
um den Frieden.
B: Die Temperaturen
steigen, die Erde
verwüstet.
A: Die Erde dreht sich
um den Frieden.
Worum dreht es sich im Krieg?
Antworte bitte, du Schicksal.
Worum dreht es sich im Frieden?
Antworte bitte, du Schicksal.

Bibelstelle: Gen 1,1–31

Als Bibelstelle hören wir heute vom Beginn des Lebens auf der Erde und die ersten Sätze der Heiligen Schrift.

Gott sah, dass es gut war

Gott sah, dass es gut war.
Sechsmal wiederholt sich dieser Satz.
Sechsmal hören wir vom „gut sein".

Sechsmal dürfen wir staunen,
wie vielfältig das Leben auf der Erde ist.
Leben gibt es in jeder Ecke und in jedem Winkel.
Leben gibt es auch dort,
wo scheinbar kein Leben leben kann.
Für jede Situation und Lage
hat Gott die passende Lebensform kreiert.

Wir staunen, was Gott erschaffen hat.
Wir staunen, was alles lebt.

Möge aus unserem Staunen
die Kraft wachsen,
um diese Erde zu erhalten
und alles, was auf ihr lebt.

Lasst uns nicht müde werden,
die Erde zu schützen.
Lasst uns nicht tatenlos zusehen,
wenn Leben bedroht ist.

Lasst uns mit Liebe die Erde pflegen und erhalten.
Dann kann zwischen dem Leben der Friede wachsen.

Friedenswünsche

V: Wir wünschen uns Frieden für die Erde.
A: Guter Gott wir bitten dich: Hilf, dass sich unser Wunsch erfüllt.
V: Wir wünschen uns Frieden für Mensch und Tier.
A: Guter ...
V: Wir wünschen uns Frieden für Mensch und Pflanze.
A: Guter ...
V: Wir wünschen uns Frieden für Mensch und Technik.
A: Guter ...
V: Wir wünschen uns Frieden für Mensch und Forschung.
A: Guter ...
V: Wir wünschen uns Frieden für Mensch und Religion.
A: Guter ...
V: Wir wunschen uns Frieden für Mensch und Kultur.
A: Guter ...
V: Wir wünschen uns Frieden für Mensch und Medien.
A: Guter ....
V: Wir wünschen uns Frieden für Mensch und Fortschritt.
A: Guter ...
V: Wir wünschen uns Frieden für Mensch und Medizin.
A: Guter ...
V: Wir wünschen uns Frieden für Mensch und Musik.
A: Guter ...
V: Wir wünschen uns Frieden für Mensch und Gott.
A: Guter ...
Noch vieles könnten wir aufzählen. Du kennst unsere Gedanken.
Du kennst uns.
Lass uns auf dich zählen, Gott. Damit wir eines schönen Tages am Lagerfeuer vom Weltfrieden erzählen, der seinerzeit begonnen hat. Darum bitten wir durch Jesus Christus, unseren Freund und Bruder. Amen.

Vaterunser in „friedlicher“ Version

Vater unser im Frieden.
Geheiligt werde dein Friede,
dein Friede komme, dein Friede geschehe
wie im Himmel so auf Erden.
Unseren täglichen Frieden gib uns heute
und vergib uns unsere Kriegsschuld,
wie auch wir vergeben unseren Friedenstörern.
Und führe uns nicht in Kampfversuchung,
sondern erlöse uns von den Kriegsgedanken.
Denn dein ist der Friede und die Kraft
und die Herrlichkeit in Ewigkeit. Amen.

Friedens-Erde-Wunsch-Litanei

V: Geld regiert die Welt und frisst die Erde.
A: Lass Frieden werden – hier auf Erden.
V: Ohne Rücksicht wird die Natur geplündert.
A: Lass ...
V: Wasser wird knapp, Temperatur wird heißer.
A: Lass ...
V: Krieg um Rohstoffe, Ausbeutung der Länder.
A: Lass ...
V: Tiere finden keinen Lebensraum, Arten sterben.
A: Lass ...
V: Pflanzen welken, Bäume sterben ab, Boden trocknet aus.
A: Lass ...
V: Meere voller Plastik, Flüsse voller Abwässer.
A: Lass ...
V: *(eigene Beispiele)*

Mutmach-Litanei: Schritt für Schritt

Guter Gott, es ist zum Weinen, was auf der Erde alles geschieht.
Es ist aber auch zum Freuen, was auf der Erde alles geschieht.
Doch die guten Nachrichten sind meist versteckt oder unentdeckt.
Wir danken dir für jeden kleinen Schritt zum Frieden.

V: Politiker, die nicht müde werden, die Umwelt zu schützen.
A: Danke, Gott für alle, die friedlich der Erde begegnen und sie friedlich gestalten.
V: Unternehmer, die umweltfreundliche Produkte herstellen.
A: Danke ...
V: Forscher, die nach neuen tierversuchsfreien Wegen suchen.
A: Danke ...
V: Firmen, die Wertstoffe wiederverwerten und recyceln.
A: Danke ...
V: Junge oder ältere Gruppen, die den Müll in der Natur einsammeln.
A: Danke ...
V: Richter und Polizisten, die Umweltsündern auf die Finger schauen.
A: Danke ...
V Die vielen, die mithelfen, von den fossilen Energien wegzukommen.
A: Danke ...
V: Allen, die friedlich und kreativ für eine gesunde Erde demonstrieren.
A: Danke ...
V. Diejenigen, die einsehen, dass Klimapolitik auch Friedenspolitik ist.
A: Danke ...
V: All jene, die als Klimahelden täglich in ihrem Bereich das tun, was möglich ist.
A: Danke ...

V: Allen, die mithelfen, damit Flüchtlinge eine gute Zukunft vor sich haben.
A: Danke ...
V: Auch an jene, die Zerstörtes wieder aufbauen und so Menschen einen Neuanfang schenken.
A: Danke ...
V: Menschen wie du und ich, die kleine Schritte zum besseren Klima machen.
A: Danke ...

Schlussgebet

Guter Gott, noch vieles wäre dankenswert und bedenkenswert. Zeige uns Menschen, dass wir eine große Gemeinschaft sind und miteinander wie durch ein unsichtbares Netz verbunden sind. Gib uns deinen Segen, damit er uns auf den Friedenswegen begleitet. Darum bitten wir durch Jesus Christus, deinen Sohn. Amen.

Liedauswahl:
GL 440 „Hilf Herr meines Lebens."
GL 816 „Gottes guter Segen"
GL 446 „Lass uns in deinem Namen ..."
GL 468 „Gott gab uns Atem"
GL 799 „Meine Zeit"

Nachdenkgebet

A: Herr, lass jedes
unserer Gebete
eine Friedenstaube sein.

B: Herr, lass jedes
unserer Worte
eine Friedenstaube sein.

A: Herr, lass jeden
unserer Gedanken
eine Friedenstaube sein.

B: Herr, lass jede
unserer Tränen
eine Friedenstaube sein.

A: Herr, lass jeden
unserer Träume
eine Friedenstaube sein.

B: Herr, lass jedes
unserer Lieder
eine Friedenstaube sein.

A und B gemeinsam:
Lass uns für das
Kriegsgeschrei taube
Friedenstauben werden und
hellhörig werden für
Friedensmusik.

Segen

Gott, dein Segen begleite uns auf dem schwierigen Weg zum Frieden. Leuchte uns entgegen. Schicke Kraft und Vernunft. Bringe uns Glauben, Hoffnung und Liebe.
Dazu segne uns und der Vater und der Sohn und der Heilige Geist.

Aktion: „Friede schmeckt!“

Vorher können Friedenstauben aus ausgerolltem Teig gebacken werden. Dazu nötig: Plätzchenteig, Nudelholz, Backblech, Ausstech-Plätzchen in Friedenstaubenform.

Foto: Tobi/AdobeStock

Peter Schott

Gegen alles ist ein Kraut gewachsen

oder: „Frieden – einfach dufte!“ – Friedensfeier im Sommer (Kräuterweihe)

Aktion vor Friedensfeierbeginn

Personen werden die Augen zugebunden. Vor der Kirchentür auf Kirchplatz stehen Kräutertöpfe oder Menschen halten Töpfe in den Händen. Die Gäste dürfen daran riechen und das Kraut erraten. (Arnika, Salz, Spitzwegerich, Thymian, Rosmarin, Korianderkraut)

Lied zum Einzug

Einleitende Worte

„Gegen alles ist ein Kraut gewachsen – auch gegen den Krieg? Was meinen Sie? *(raten, überlegen)*
Wir wissen es nicht, doch wir wollen darauf vertrauen, dass es ein Kraut gegen Krieg gibt. Solange kein Kraut dagegen bekannt ist, wollen wir die jetzt schon bekannten und erforschten Kräuter anschauen. Vielleicht sind welche dabei, die zumindest den Schmerz über das kriegerische Geschehen lindern. Schauen wir uns einige Kräuter an und gehen wir kreativ und fantasievoll mit ihnen um.

Kräuter, die Wirkung zeigen

(Hinweise: können von verschiedenen Personen vorgelesen werden. Zwischen den Kräutern kann Klangschale erklingen. Nach der Nachdenkfrage eine kurze Nachdenkstille)

Arnika
Arnika wird als Salbe verwendet.
Wirkt gegen Verletzungen.
Kriege mit ihren Kampfhandlungen
verletzen Menschen, Tiere,
die ganze Gottesschöpfung.
Nachdenkfrage:
Was kann ich dafür tun, damit es
weniger körperliche und
seelische Verletzungen gibt?
Kräutertraum: Möge Arnika auch
gegen böse und gelogene Worte,
sowie gegen verletzende Taten wirken.

Spitzwegerich
Spitzwegerich ist z. B. in Hustensaft enthalten.
Wirkt gegen Husten. Mit Hustensaft
kann ich dem Husten etwas husten.
Nachdenkfrage:
Was kann ich dafür tun,
um gegen die Kriege und Nöte
in dieser Welt zu protestieren?
Kräutertraum: Mögen wir mit Spitzwegerich
dem Bösen, das uns anhusten will,
etwas husten.
Damit das Gute in uns wieder Platz hat.

Rosmarin
Rosmarin gibt es als Öl
oder in Pulverform.
Wirkt entspannend.
Besonders seine ätherischen Öle.
Nachdenkfrage:

Was kann ich dafür tun,
um angespannte Situationen
zu entspannen?
Kräutertraum: Möge Rosmarin
auch die angespannten Kriegsführer
entspannen und ausspannen lassen.

Korianderkraut

Korianderkraut gibt es in Pulverform.
Wirkt entgiftend.
Nachdenkfrage:
Manchmal ist die Atmosphäre
um mich herum vergiftet.
Was kann ich dafür tun,
um entgiftend zu sein?
Kräutertraum: Möge Koriander
die vergiftete Atmosphäre
der Kriegstreiber entgiften.

Thymian

Thymian gibt es gemahlen
oder als Zweiglein
direkt vom Thymianstrauch.
Wirkt beruhigend.
Nachdenkfrage:
Was kann ich dafür tun,
um in unruhigen
Zeiten zu beruhigen?
Kräutertraum:
Möge Thymianduft unsere
hektische und gereizte Welt beruhigen.

Lavendel
Lavendel gibt es als Blütenzweig
oder fein zerkleinert oder als Öl.
Wirkt harmonisierend.
Nachdenkfrage:
Was kann ich dafür tun,
um depressive Stimmungen
zu vermeiden oder zu lindern?
Kräutertraum:
Möge Lavendelduft die ganze Welt
umkreisen für mehr Harmonie
und Glück auf Erden.

Kräuter in der Bibel

Viele Kräuter werden in der Bibel genannt und auch zum Heilen angewendet. Beispielsweise heißt es bei dem Propheten Jeremia 51,8: „Bringt Balsam für seine Wunden, ob es vielleicht geheilt werden könnte."

„Friedliches" Gegrüßet seist du, Maria.

(*Besonders geeignet für das Fest Mariä Himmelfahrt am 15. August*)
Gegrüßet seist du, Maria,
voll der Gnade und
voll des Friedens.
Der Herr ist mit dir.
Der Friede ist mit dir.
Du bist gebenedeit
unter den Frauen
und gebenedeit ist
die Friedensfrucht
deines Leibes.

Heilige Maria, Mutter des Friedens,
bitte für uns Friedenssuchende –
jetzt und in der Stunde
unseres Todes. Amen.

Friedenskräuterlitanei

Kräuter können Frieden schenken.
Nicht den großen Frieden für die Welt.
Sondern den kleinen Frieden,
der in der Heilkraft der Kräuter steckt.
Danken wir dafür und damit:

für die Heilkraft des Basilikums.
Alle: Danken wir dir.
für die Heilkraft des Estragons.
Alle: Danken wir dir.
für die Heilkraft der Petersilie.
Alle: ...
für die Heilkraft des Salbeis.
für die Heilkraft des Thymians
für die Heilkraft des Oregano.
für die Heilkraft des Rosmarins.
für die Heilkraft des Lorbeers.
für die Heilkraft des Dills.
für die Heilkraft des Korianderkrauts.
für die Heilkraft des Bohnenkrauts.
für die Heilkraft des Majorans.
Alle: Danken wir dir.
Wir danken auch für alle vergessenen Kräuter.
Lass unseren Dank Kräuterduft verströmen.
Amen.

Kräutergebet

Guter Gott,
wir staunen, was du alles
auf der Erde wachsen lässt.
Besonders beeindruckt uns
die Vielfalt der Heilkräfte
in den Kräutern.

Manch heilende Wirkung
haben wir schon entdeckt.
Wir danken dir dafür.

Manche Heilkraft liegt noch
im Verborgenen. Zeige uns Wege,
sie auch noch zu entdecken.
Darum bitten wir durch Jesus Christus,
dessen Liebe zu uns Menschen
eine ganz besondere Heilkraft hat.
Amen.

Fürbitten:

Heiliger Gott, deine Welt ist wie ein großer Kräutergarten.
Wir bitten dich:
In deinem Kräutergarten wachsen viele Kräuter. Zeige uns,
wie wir ihre Heilkraft entdecken.
Alle: Wir bitten dich ...
In deinem Kräutergarten leben auch die Menschen. Zeige uns,
wie wir heilsam miteinander leben können.
Alle: Wir ...
In deinem Kräutergarten gibt es Krieg und Not. Zeige uns,
wie wir uns aus der Kräuterspirale der Gewalt befreien können.

Alle: Wir ...
In deinem Kräutergarten gibt es Krankheiten. Zeige uns, wie wir die Krankheiten besiegen können.
Alle: Wir ...
In deinem Kräutergarten gibt es viele Gärtner, die sich um das Wohl aller kümmern. Zeige uns, wie wir miteinander in Frieden leben können.
Alle: Wir ...
In deinem Kräutergarten ist auch Platz, um uns an unsere Verstorbenen zu erinnern. Zeige uns, wie wir uns trösten können.
Alle: Wir ...
In deinem Kräutergarten ist auch Raum für unsere persönlichen Bitten. *(kurze Stille oder mit persönlichen Fürbitten ergänzen)* Zeige uns, wie unser Vertrauen für dich und deine Liebe wachsen kann.
Alle: Wir ...
Heiliger Gott,
gehe mit uns durch deinen Kräutergarten. Begleite uns durch Freude und Leid. Darum bitten wir durch Jesus Christus, unseren Freund und Bruder.

Gemeinsames Vaterunser

Im Vaterunser bitten wir
um das tägliche Brot.
Heute beten wir anstatt:
„Unser tägliches Brot gib uns heute."
die Worte:
„Unseren täglichen Frieden gib uns heute."

Segensgebet

Großer Gott,
wir bitten dich
um deinen Frieden:
für uns und für alle,
für die Armen und Reichen,
für die Gesunden und Kranken,
für die Lauten und die Leisen,
für die Suchenden und die Gesuchten,
für die Träumenden und die Kreativen,
für die, die übersehen werden,
und die, die im Mittelpunkt stehen.
Dazu segne uns mit
deiner Liebe und deinem Frieden

Liedauswahl aus dem Gotteslob

Eventuell regionale Unterschiede beim Gotteslob.
813: *Kleines Senfkorn Hoffnung*
481: *Sonne der Gerechtigkeit*
828: *Unfriede herrscht auf der Erde*
73: *Friede sei in deinen Mauern*
458: *Selig seid ihr, wenn ihr einfach lebt*

Spruchwunsch zum Frieden

(Kann kopiert und als Spruchkarte verschenkt werden.)
Ich wünsche dir die Zuversicht,
dass immer Leben in dir spricht.
Ich wünsche dir die Zuversicht,
dass immer Frieden in dir spricht.

Zum Verteilen, zum Feiern

Nach der Friedensfeier können Kräuterteebeutel, z. B. Schlaftee ... an den Ausgängen verteilt werden. Oder es ist noch ein gemütliches Beisammensein bei selbst gebackenen Keksen mit Kräutern und/oder heißem oder kaltem Tee (je nach Jahreszeit).

Aktion

Je nach Platz kann ein kleiner Kräutergarten auf Kirchengrund angelegt werden. Am besten mit kleinen Namensschildern der Kräuter.
Oder Kräutertöpfe werden in der Kirche bei der Mutter Gottes aufgestellt. Besonders um den 15. August.

Foto: Pixel-Shot/AdobeStock

Peter Schott

Die Autoren

Hanns Sauter, geb. 1951, studierte Theologie in Würzburg und Wien sowie Caritaswissenschaften und christliche Sozialarbeit in Freiburg i. Br., von 1982–2017 tätig im Fachbereich Seniorenpastoral der Erzdiözese Wien vor allem im Bereich Begleitung und Fortbildung der pfarrlichen MitarbeiterInnen. Mitarbeiter in verschiedenen Einrichtungen der Erwachsenenbildung (Altenbildung). Zahlreiche Veröffentlichungen im Bereich Spiritualität und Pastoral, Autor im Team der Ideenwerkstatt Gottesdienste.

Peter Schott, geboren 1964, war von 1982–1989 Bankkaufmann in Zellingen, studierte ab 1989 Gemeindepastoral und Religionspädagogik in Mainz. Tätig ab 2010 als Seelsorger im Thoraxzentrum Münnerstadt und von 2008–2019 als Seelsorger in der Einrichtung für Menschen mit Behinderung in Maria Bildhausen. 2004–2006 Ausbildung zum Gestaltpädagogen. Seit 2019 Gemeindereferent in Arnstein. Mitarbeiter in der Familien- und Erwachsenenbildung. Außerdem als freier Autor, Wortkünstler und Lyriker tätig. Autor im Team der Ideenwerkstatt Gottesdienste.